MARC FIORENTINO

INTERDIT AUX MOINS DE 60 ANS

Robert Laffont

ISBN : 978-2-221-27218-3
Dépôt légal : novembre 2024
Éditions Robert Laffont – 92 avenue de France, 75013 Paris
serviceclients@lisez.com

NON !

Mon nom est Ventura.
Samuel Ventura.
Mes amis m'appellent Sam.

Ma vie a basculé.
En un jour.

Je m'y étais préparé.
Et pourtant…
Le choc a été brutal.
Un séisme, un tsunami.
Du jour au lendemain, je suis devenu un paria.
Montré du doigt.
Avec pitié ou, pire, agressivité.
Je suis devenu l'homme qui a détruit la planète.

L'homme qui n'a trouvé aucun sens à sa vie et dont la vie n'a d'ailleurs aucun sens.

L'homme qui a stoppé l'économie mondiale pour échapper au Covid.

L'homme qui a accumulé tout l'argent du pays et ne veut pas le partager.

L'homme qui va toucher une retraite qu'il ne mérite pas, payée par de jeunes travailleurs exploités.

L'homme dont on se demande pourquoi il ne dégage pas pour laisser les autres profiter de son héritage.

Ma vie a basculé.

En un jour.

JE VIENS D'AVOIR 60 ANS.

Avoir 60 ans n'est pas une fête.

C'est une plongée dans un abîme.

Un trou béant.

On est projeté dans un espace parallèle : l'antichambre de l'Ehpad, elle-même étant l'antichambre de la mort.

À partir d'aujourd'hui, si j'oublie un mot dans une conversation, on se demandera si c'est le signe avant-coureur d'un Alzheimer inévitable.

Si je répète deux fois la même phrase, on se dira que je suis gâteux.

Si je fais tomber une tasse ou un verre par maladresse, on diagnostiquera immédiatement un début de Parkinson.

Si je dis que je suis disponible, on me verra comme un inactif, un retraité, un parasite qui vit sur le dos des jeunes « actifs ».

Si je dis que je ne suis pas disponible, ce sera la preuve de l'égoïsme de ma génération.

Si je montre le moindre signe de fatigue, on se demandera si j'ai rédigé mon testament et dans combien de temps on pourra récupérer le magot que j'ai piqué à la planète.

Je suis marqué au fer rouge.
Senior.
Boomer.
Retraité.
Inactif.
C'est écrit sur mon front désormais.

J'ai basculé.
On m'a mis dans une case.
En attendant de me mettre dans une caisse.

Mais je ne l'accepterai pas.
Je ne suis pas un senior.
Je ne suis pas « retraité ».
Je ne suis pas gris.

Pour le Larousse, la retraite consiste à « se retirer de la vie active », à « abandonner ses fonctions », à « cesser ses activités professionnelles ». Voire à « fuir en panique le champ de bataille ».

Je ne veux pas me retirer, abandonner, cesser, fuir ni reculer.

Il me reste, statistiquement, 23,4 années à vivre, dont quinze peut-être en bonne santé.

Et je ne veux pas vivre ces 23,4 années dans l'attente du jour où l'on m'enverra dans un Ehpad.

Je ne veux pas vivre ces 23,4 années en position d'accusé.

Je ne veux pas vivre ces 23,4 années à voir – de plus en plus mal – mon corps et mon esprit se ratatiner.

Je veux vivre ces 23,4 années comme si j'avais du temps devant moi, car j'ai du temps devant moi ; comme si j'avais de l'énergie, car j'ai de l'énergie ; comme si j'avais un rôle à jouer, car j'ai un rôle à jouer ; comme si j'étais actif, car je suis actif. Bref, comme si j'avais 60 ans…

C'est une nouvelle tranche de vie qui s'ouvre, pas une tranche de mort.

Nous, les plus de 60 ans, sommes conditionnés, à quelques rares et admirables exceptions près, à jouer les vieux.

Nous acceptons cette position d'attente, car dès qu'on franchit le cap des 60 ans, pire, dès qu'on « part à la retraite », on se peint soi-même en gris, pour se faire oublier, pour ne pas déranger, pour s'excuser d'exister, encore.

Et pourtant, nous sommes une génération nombreuse et puissante, nous détenons encore une partie du pouvoir, notamment financier, avec notre épargne, notre patrimoine immobilier. On nous le reproche d'ailleurs assez.

Cet argent, nous ne l'avons pas volé. Nous l'avons gagné en nous levant tôt pour aller bosser, sans nous interroger sur le bon dosage entre la vie privée et la vie professionnelle, sur nos états d'âme, sans accabler nos parents de tous nos maux alors même que l'on dépendait d'eux, sans prendre prétexte de la défense de la planète pour prôner une décroissance qui permettait de détravailler tranquillement.

Non. Nous avons été une génération autonome, indépendante, laborieuse.

Je suis furieux, révolté.

On ne m'enfermera pas.

Personne ne me volera ma tranche de vie.

Personne ne m'obligera à attendre en silence l'heure de la sortie.

Je vais me battre, me réinventer, renaître.

Ce n'est pas l'heure de la retraite.

C'est l'heure de l'offensive.

1

LA VIE NE S'ARRÊTE PAS À 60 ANS

Ceux qui expliquent que la vie commence à 60 ans sont des menteurs, des charlatans. La vie ne commence pas à 60 ans. Et c'est tant mieux.

Franchement, je n'ai absolument aucune envie de recommencer à zéro, de me retaper le collège, le lycée, les universités ou les grandes écoles, la pression des parents, les doutes de l'adolescence, le stress des examens, les aventures, les liaisons, les ruptures, les mariages, les divorces, les remariages, les engueulades, le boulot – ah, le boulot ! – avec ses galères, les onze mois de turbin pour cinq semaines de congés payés (en l'an 1000 avant les RTT et le télétravail).

Et les enfants… Ceux-là mêmes qui vous adorent quand ils sont petits, vous détestent quand ils sont grands, parlent de vous à leur psy mais ne vous parlent pas à vous, vous tolèrent vieux quand vous pouvez encore garder leurs enfants, vous ignorent vieux quand vous ne voulez plus les garder, et finissent par vous pleurer quand vous êtes « parti » en se demandant pourquoi ils n'ont pas passé plus de temps à vos côtés, avec un joli discours émouvant à votre enterrement composé de phrases qu'ils ne vous ont jamais dites quand vous étiez encore fait de chair et d'os.

Ce film, je l'ai déjà vu mille fois, et je n'ai aucune envie de me le coltiner à nouveau.

La vie ne commence pas à 60 ans, heureusement. Mais elle ne s'arrête pas non plus à 60 ans : elle continue. Ou plutôt, elle redémarre.

La phase post-60 ans et pré-« couches pour fuites urinaires » est une tranche de vie que je n'ai pas envie de « passer » ni de laisser passer. Je veux la sentir, la saisir, la toucher, la voir, la vivre. Intensément.

2

NE PAS FAIRE LE VIEUX

C'est parti…

Enfin, pas tout à fait quand même. Une fois mon accès de colère passé, le naturel et la nature reprennent le dessus. Pas facile d'échapper au lavage de cerveau que nous subissons tous les jours. Je me réveille et j'ai bien 60 ans. Ce n'était pas un cauchemar, ce n'est pas un rêve non plus.

Je sens que je suis prêt à rebasculer. À faire le vieux.

Faire le vieux, c'est se sentir plus fatigué qu'on ne l'est vraiment.

C'est dire ou penser qu'on est usé par les épreuves de la vie plus qu'on ne l'est vraiment.

Faire le vieux, c'est se dire qu'on a droit au repos, au loisir, à l'inactivité… On évoque même maintenant le « droit à la paresse » pour tous ! Sans s'apercevoir que cette forme de paresse que nous avons combattue toute notre vie va nous ramollir et nous rendre encore plus vulnérables, encore plus vieux.

Faire le vieux, c'est penser à l'endroit où l'on aurait envie de se retirer, sans comprendre que cet endroit est notre cimetière des éléphants, un mouroir. Même si ce mouroir est « au soleil » ou « dans le Sud », un Sud qui nous rapproche de la terre, en dessous de la terre.

Ce matin, donc, je me suis levé et j'ai fait le vieux. Je suis allé à mon bureau, car je bosse encore… malgré mon âge avancé. Et le lundi, quand on va au bureau, qu'il fait noir et qu'il pleut, on se dit qu'après quarante ans de lundis à aller au bureau sous la pluie et dans le noir, on a droit à un « repos » bien mérité, à la « retraite ».

Voilà dans quel état d'esprit je me trouve. D'autant plus que je vais faire les mêmes choses que d'habitude. Avec les mêmes gens, qui vont me raconter les mêmes week-ends toujours aussi chiants depuis quarante ans, qui vont se plaindre des mêmes choses, qui vont répondre « comme un lundi » à votre « ça va ? » de plus en plus vide de sens, ou parler des mêmes perspectives de vacances dans les mêmes endroits grouillant de gens qui disent « comme un lundi » ou « vivement vendredi » (ou plutôt « vivement jeudi » maintenant que le vendredi est un jour de « télétravail »).

Dans ces moments-là, on a vraiment envie d'arrêter de lutter. Et de faire le vieux.

Je me ressaisis, je sais que c'est un piège que l'on me tend. Je suis conditionné pour faire le vieux, mais si je fais le vieux, je deviens vieux.

Sam, réveille-toi ! Réagis ! Tu te fais hypnotiser par Kaa qui cherche à t'étouffer… Par tous les Kaa de moins de 60 ans. Et surtout par tous les Kaa de plus de 60 ans qui ont cessé de lutter et font les vieux ! J'ai 60 ans, merde, mais *I'm alive* ! *I'm still standing*, comme le chante Elton John.

3

EURÊKA !

C'est un vrai mot de boomer, « eurêka ! », non ? Tant pis, je le garde !

J'ai observé, de longues années durant, les femmes et les hommes qui basculaient dans la soixantaine. La plupart le faisaient avec une joie apparente ou une déprime noyée dans une fête elle-même arrosée d'alcool. Je suis arrivé à la conclusion (vous verrez, il y en a beaucoup d'autres – c'est une manie les conclusions chez moi, surtout quand elles sont fausses…) qu'on peut nous classer en quatre catégories :

- les bienheureux ;
- les philosophes ;
- les résignés ;
- les résistants.

Les bienheureux. Nous les connaissons tous. Chez eux, tout se fête. Les bons et les mauvais événements de la vie, les mauvais n'étant que des répétitions ratées des bons, qui vont finir par arriver un jour, plus tard, voire très tard pour ceux qui croient au « monde d'après ». Les 60 ans, puis la retraite, pour eux, c'est le bonheur. Si on leur avait annoncé qu'ils allaient travailler trente ans de plus, cela aurait été une excellente nouvelle également. Il n'y a aucun enseignement à tirer des bienheureux, ils sont désespérants d'optimisme.

Les philosophes. Ils vieillissent et gagnent en expérience et en sagesse. Sans oublier de se réinventer à chaque tournant. Ils négligent souvent le fait qu'il y a tellement de tournants qu'on finit par avoir envie de vomir et qu'il est compliqué de se réinventer quand on a mal au cœur. Mais qu'importe le mal des transports : pour eux, 60 ans, c'est un tournant, une voie nouvelle qui s'ouvre (toujours une histoire de transports). Il faut donc profiter de cette opportunité, surtout après la retraite, pour se consacrer à ses passions. On a enfin du temps pour soi et pour les autres.

Chapeau les gars, c'est fort ! Petit détail : qu'en est-il si l'on n'a pas de passion ?

Les résignés. Ah, les résignés. Vieillir, ils l'avaient anticipé en étant vieux avant d'être jeunes.

« Ben c'est comme ça ! », « Faut accepter, mon vieux » (notez le « mon vieux » dévastateur), et la phrase la plus horripilante : « L'âge, c'est dans la tête… » Cette expression qui ne veut rien dire m'est insupportable. Dans leur cas, l'âge est plutôt sur leur tête, car ils ont tout prévu : ils sont déjà prêts à se mettre sur leur trente et un (expression de boomer, encore…) pour le Noël de l'Ehpad. Ils me dépriment, même si, finalement, ils sont heureux.

Les résistants. (Oui, je sais, le terme est peut-être un peu trop élogieux, mais je le garde.)

Eux ne veulent pas vieillir. « 60 ans ? Connais pas. J'en ai 40 dans ma tête. » Pas seulement dans leur tête, car c'est souvent l'âge de leur femme. Ils essaient de s'en convaincre en renversant régulièrement un pot de teinture sur leurs cheveux gris, sans voir qu'ainsi ils ressemblent plus à Orlando ou à Saddam Hussein au sommet de leur gloire capillaire qu'à eux-mêmes vingt ans auparavant.

(Petite parenthèse, d'ailleurs : M. Hieronimus – c'est le patron de L'Oréal –, pourquoi cette injustice ? Pourquoi toutes les teintures pour hommes donnent-elles un résultat ridicule alors que chez les femmes, c'est réussi ? Nous aussi, nous le valons bien. Parenthèse fermée.)

Revenons à nos moutons : les résistants. Il y a ceux qui nient : « Moi ? 60 ans ? Pas du tout. C'est pas moi… c'est l'autre. » Teintures, implants, facettes dentaires, chirurgie esthétique, bistouri, coach sportif, cures d'amaigrissement à plusieurs dizaines de milliers d'euros et, évidemment, la jeune *trophy wife*, qui n'est souvent un *trophy* qu'à leurs yeux, car leur vue baisse, malgré les opérations à répétition (je crains de me faire déglinguer par #MeToo en écrivant ça, on verra bien…).

Parmi les résistants, il y a aussi les névrosés – dont je fais partie –, ceux qui savent qu'ils vieillissent. Ils ne sont pas dans le déni. Malgré tout, ils serrent les dents en pensant que ça va ralentir la marche du temps. Cette catégorie-là peut avoir recours aux mêmes artifices que les « nieurs », mais eux ont décidé que le seul moyen de ne pas vieillir était de rester actif et, pour ce faire, de continuer à bosser.

Bosser, bosser et encore bosser. Pas forcément sept jours sur sept et trois cent soixante-cinq jours par an, mais bosser quand même. Le tout avec une petite dose de souffrance, car « on n'a rien sans rien »…

Conclusion de la journée : je vais résister. Et pour résister je vais continuer à bosser. Mais pas à faire le même métier de la même façon. Si je veux passer ce cap, je dois me réinventer aussi dans le travail.

Alors, que faire ?

4

START-UP

Ce mot m'agace.

Il contient tout le jeunisme et le dégagisme que l'on se coltine depuis quelques années. En gros, si t'as plus de 60 ans, et même plus de 50 ans, tu es totalement *has been*, ringard, inutile. Tu ne comprends rien à la « tech » – « French » ou pas –, aux réseaux sociaux, aux « nouvelles tendances ».

Ton intelligence ne sera jamais « artificielle ».

Tu viens d'une autre planète et tu devrais d'ailleurs y retourner.

Tout s'est accéléré avec notre jeune président. Avec lui, la France doit devenir une « start-up nation ». Qu'est-ce qu'on l'a entendue, celle-là !

On ne dit plus « entrepreneur » : vive les « startuppeurs » et « startuppeuses » ! Et on transforme tout en

« tech ». La finance devient de la « fintech », la santé devient de la « biotech » ou encore de la « medtech », la pub devient de l'« adtech ». On a même des « femtechs ». Et les « daubes » deviennent des « daubetechs ». J'en passe et des meilleures. Prenez n'importe quel secteur, ajoutez « tech », et vous y êtes. Dans ce monde de start-up, on ne vit que pour la taille de la levée. Pas pour le chiffre d'affaires, et surtout pas pour la rentabilité, un gros mot. Les profits ? Beurk. Non, on voit qui a la plus grosse. La plus grosse levée de fonds auprès de fonds d'investissement. Bon, je vais trop vite, là, et je deviens déjà technique… On y reviendra. Mais j'ai envie de me venger.

On a voulu nous faire croire à nous, les plus de 60 ans, que nous n'avions pas droit à la start-up. C'est pour les moins de 30 ans, idéalement les moins de 25, et le must aux États-Unis, pour les 20 ans qui ont abandonné Stanford en première année afin de se consacrer à leur boîte. Évidemment, c'est faux. Une start-up, ce n'est qu'une création d'entreprise. Or nous sommes une génération qui a créé des millions d'entreprises. Nous ne sommes peut-être pas des startuppeurs, mais nous sommes des entrepreneurs. Vieux, peut-être, mais expérimentés – les deux sont liés.

J'ai donc trouvé la solution. Je vais monter une « start-up ». Non. Je vais monter une entreprise. Bon, il ne me reste plus qu'à trouver l'idée…

5

LE *KANREKI*

Déjeuner au restaurant japonais de l'hôtel Royal Monceau, avenue Hoche, à Paris.

La salle est remplie de financiers, d'avocats, d'hommes et de femmes « d'affaires » venus déguster des sushis dont le prix à l'unité est supérieur à un Smic.

L'idée est de manger peu – pour la ligne, bien sûr – mais cher. Entre soi.

C'est moi qui ai choisi le restaurant, parce que j'ai beau cracher dans la soupe – miso –, je suis comme eux.

Moi
On s'est pas vus depuis un siècle.

Lui
Oui. C'était pré-Covid, dans le monde d'avant.

Moi
Un siècle, une autre vie.

Lui
Comment tu vas ?

Moi
Bien. Non. Plutôt moyen. Je viens d'avoir 60 ans et j'ai l'impression d'avoir basculé.

Lui
T'inquiète. Tu fais jeune.

Moi
Est-ce qu'il y a pire que cette expression : « Tu fais jeune » ? Ah oui, il y a pire : « Tu es bien pour ton âge. » Deux phrases qui te condamnent, mais avec circonstances atténuantes. Tu fais jeune, donc tu es vieux.

Lui
Ouh là ! Tu es très remonté. Je sens que le sujet est sensible.

Moi
Oui, très.

Lui
Bon anniversaire quand même… Est-ce que tu sais que le passage des 60 ans est une fête au Japon ?

Lui est un célèbre critique gastronomique qui a fait trembler pendant des décennies les plus grands chefs du monde. Sa marque de fabrique : ne jamais montrer son visage et toujours donner des faux noms dans les restaurants. Il a une véritable connaissance du Japon. Il a d'ailleurs épousé une Japonaise dont il a eu deux enfants.

Moi
Non, je ne savais pas.

Lui
Bon. Calme-toi. Déguste tranquillement ton sashimi à prix d'or. Et laisse-moi t'expliquer.
Le soixantième anniversaire s'appelle le *Kanreki*. Ce jour-là, chaque homme ou femme qui fête ses 60 ans doit porter une veste rouge sans manches, le *chan chanko*. Rouge, parce que c'est la couleur de la jeunesse et de la renaissance. Or, à 60 ans, on a traversé un cycle complet du calendrier traditionnel japonais. On a fait cinq tours de zodiaque et on revient au zodiaque de sa naissance. *Kan*, c'est le retour, *Reki*, c'est le calendrier. Tiens, regarde la photo.

Moi
Sympa, cette petite tenue. Et le petit chapeau rouge, là, c'est obligatoire ?

Lui
« Vous êtes caustique », comme dirait M. Preskovitch dans *Le Père Noël est une ordure*. Tais-toi et laisse-moi

finir. Tu as compris l'idée. Au Japon – cette tradition a aussi été adoptée en Corée –, 60 ans, c'est synonyme d'une nouvelle vie qui commence. Alors tu devrais te réjouir au lieu de faire la gueule.

Moi
Je ne fais pas la gueule. Je suis énervé. Ça n'a rien à voir. Mais cette idée de *Kantiki* me plaît assez.

Lui
Kanreki…

Moi
Oui, *Kanreki*. La nouvelle vie, la renaissance, j'aime beaucoup, même si le nom m'évoque plus une réforme des retraites qu'une nouvelle vie.

Lui
Lance-toi dans une nouvelle aventure. Je sais que tu ne vas pas partir faire le tour du monde ou devenir pêcheur ; une nouvelle aventure, pour toi, c'est une nouvelle activité professionnelle, une nouvelle épopée entrepreneuriale. *Win Rocky win...*

Moi
Tu sais me parler, toi. J'entends presque les cloches de la scène de *Rocky 2…*

Lui
Bon, je t'invite ?

Moi

Non. Laisse. Je n'ai pas envie que tu jeûnes pendant un mois à cause de cette dépense excessive.

Kanreki.

Nouvelle vie.

Re-naissance (je mets un tiret pour éviter que ça rappelle le parti politique).

On est au cœur du sujet, de mon sujet.

6

LA PAGE À MOITIÉ BLANCHE

Je me suis enfermé dans mon bureau. Il est 7 heures. Personne n'est encore arrivé, je vais être peinard.

J'attrape une feuille blanche dans le bac de l'imprimante.

J'écris « Monter une entreprise » en haut de la feuille. Un peu plus bas : « Mes compétences ».

J'ai monté plusieurs boîtes dans ma vie. J'en ai tiré une leçon particulièrement rude pour mon ego : je me plante toujours quand je sors de mon champ de compétences…

Or, mon champ de compétences, c'est la finance, le placement, la macroéconomie, les marchés financiers.

Mais quel rapport avec un projet pour les plus de 60 ans ?

En fait, je réalise que ce n'est pas parce que j'ai 60 ans et que je veux monter une start-up que mon projet doit obligatoirement cibler les plus de 60 ans.

Qu'est-ce que je peux écrire d'autre sur cette feuille qui n'est pas blanche mais qui pourtant me colle déjà l'angoisse de la page blanche ?

J'y jette ce qui me passe par la tête :

Plus de 60 ans	L'union fait la force	Information
Révolte	Médias	Newsletter
Rejet, déclassement	Formation	Club
Apprendre	Couleur	

Je relis ma prose. Pas très McKinsey, tout ça. L'avantage, c'est que ça ne m'a pas coûté 1 million d'euros de frais de consulting. Heureusement.

Il n'y a rien à en tirer au premier coup d'œil. Au deuxième non plus, d'ailleurs.

Je me retiens de déchirer la feuille – elle pourra peut-être m'inspirer quelque chose demain. Ou après-demain.

ÉLUCUBRATION EN 60 +

Passer le temps

Je n'avance pas. Les jours passent. Et je passe le temps.

Deux expressions qui m'horripilent. Elles n'ont pas la même signification avant et après 60 ans.

Je ne peux plus me permettre de « passer le temps » : il se débrouille très bien pour se faire la malle sans que je lui file un coup de main.

Je ne veux pas que le temps passe, je veux qu'il s'arrête. Le saisir, le coincer, l'empêcher de continuer, le bloquer. Arrêter le compte à rebours.

Vous connaissez ces journées où il ne se passe « rien de spécial » ? Celles dont on espère parfois qu'elles vont se terminer (« Vivement ce soir que je me couche ») ? Ces semaines dans l'attente du week-end ?

Bref, ce sont des journées qu'on peut gaspiller à un âge où les ressources naturelles sont inépuisables et où l'approvisionnement en temps est d'une fluidité totale.

Mais après 60 ans le débit est moins régulier, le temps coule brutalement, par à-coups, comme l'eau d'un robinet après une coupure, et les réserves baissent à vue d'œil. On a conscience qu'il faut profiter de chaque journée, mais on n'y arrive pas.

Car, quoi qu'on fasse, il y a des journées de merde, sans relief ou d'un ennui prodigieux.

On est pleinement conscient que l'on n'a pas le droit de gâcher cette ressource précieuse, et pourtant on ne fait que ça.

Je sens que mes réserves diminuent plus rapidement depuis quelques jours.

Il faut que je me mette à courir pour rattraper le temps perdu. Même si c'est sans espoir.

Je repense à cet extrait du sketch de Raymond Devos, « Où courent-ils ? » :

Je lui dis : Qu'est-ce qui fait courir tous ces fous ?
Il me dit : Tout ! Tout !
Il y en a qui courent au plus pressé.
D'autres qui courent après les honneurs...
Celui-ci court pour la gloire...
Celui-là court à sa perte !
Je lui dis : Mais pourquoi courent-ils si vite ?
Il me dit : Pour gagner du temps !

7

C'EST QUOI, LE PROJET ?

J'ai relu ce que j'ai écrit sur une feuille volante il y a quelques jours. Elle ne m'inspirait rien sur le moment, pas mieux aujourd'hui. Je n'avance déjà plus…

Bon, ne pas commencer à se plaindre. Il faut que j'organise un brainstorming. Voilà, c'est ça. Je réunis quatre personnes proches. Et compétentes. Ce qui n'est pas toujours compatible. Je leur explique ce que j'ai en tête, c'est-à-dire rien pour l'instant, et on réfléchit à voix haute. Un brainstorming, quoi.

Je me lance, j'envoie un mail.

To : Yann, Sarah, Philippe, Gabriel

Hello les amis. J'ai besoin de vos lumières. Je réfléchis à un projet de start-up et je voudrais avoir votre avis. Quand êtes-vous dispos ?

Yann

T'as fumé ? Pars en week-end et mets-toi au golf plutôt que de te lancer dans un nouveau projet de boîte ! Tu veux encore gérer des équipes qui vont te détester et qui ne veulent plus travailler que trois jours par semaine ? Dispo quand même, si t'insistes.

Sarah

Visio ou physique ? Quelle durée ? OK pour moi, envoie des créneaux ! On lance un Doodle ?

Philippe

Un quoi ? Un Doodle ? Lance un référendum aussi. Super idée, une start-up à ton âge ! Une senior start-up, c'est un nouveau concept. Je me rendrai disponible pour ce projet qui va tout révolutionner et nous empêcher de plonger dans le 4e âge.

Gabriel

Je te suis. Il faut investir combien ? Je sens qu'on est refaits.

Je vous passe les échanges, les blagues – toujours les mêmes –, chacun dans son rôle un peu caricatural, comme dans une famille. M. Blagueur, Mme Sérieuse, M. Tranquille et M. Toutfeutoutflamme.

On a réussi à éviter le Doodle, même si j'ai cherché à savoir ce que c'était et que j'ai trouvé ça super pratique.

On opte pour une visio, pour aller plus vite. C'est dans l'air du temps, en plus.

Je sais qu'il est de bon ton de critiquer les visios en se rappelant avec nostalgie le temps où l'on se réunissait physiquement pour pouvoir se sentir et se toucher, mais moi, j'aime bien les visios. Ça évite d'avoir quinze personnes qui vous expliquent que même si elles ne sont pas à Paris, elles ne sont pas vraiment en vacances, mais en télétravail, et cela évite la perte de temps dans les transports (vous avez remarqué, j'espère, que je ne tombe pas dans le cliché du senior qui se plaint de la circulation à Paris « à cause » d'Hidalgo).

8

LA VISIO

Bien évidemment, on commence par les cinq minutes qui ouvrent toutes les visios sans exception : l'un n'arrive pas à faire fonctionner la caméra, l'autre n'a pas le son, l'un n'a pas le lien, l'autre n'arrive pas à se connecter. La routine, quoi.

Moi

(Après m'être énervé pendant quinze minutes sur l'âge, le basculement, le trou gris, la révolte, bref, mon rabâchage habituel.)

… et j'ai donc décidé de ne pas partir à la retraite, ni à 60 ni à 65 ans, ni jamais en fait. J'ai décidé de monter une boîte à la place. Voilà.

Sarah entre en scène, toujours chirurgicale.

Sarah
En fait, tu n'as aucune idée ?

Une porte claque...

Yann
Ouch, ça fait mal !

Moi
Tu as raison. Je n'ai pas beaucoup avancé, mais c'est pour ça que je vous demande un coup de main.

Un rayon de soleil éclaire la visio, Gabriel se réveille.

Gabriel
Moi, je trouve ça déjà super.

Sarah
Qu'est-ce que tu trouves super ? Il n'y a rien.

Gabriel
Je trouve ça super de vouloir monter une boîte...

Gabriel se recroqueville dans son coin d'écran après l'attaque directe de Sarah.
Et Yann surgit.

Yann
... à son âge ?...

Moi
Sympa, merci.

Les images se brouillent. Mais Philippe intervient pour rétablir la netteté.

Philippe
Bon, on se concentre ? Je résume. Tu veux monter une boîte. Une start-up. Tu n'as aucune idée de l'activité, mais tu veux surfer sur l'idée que les gens comme nous, qui basculent dans l'après-60 ans…

Sarah
Je te rappelle que je n'ai que 56 ans…

J'ai l'impression que le carré de visio de Sarah est plus large que celui des autres tant elle prend de place.

Philippe
C'était un « nous » général. Donc, que les gens comme nous qui basculent dans l'après-60 ans ne sont pas bons à jeter, qu'ils sont frustrés qu'on les considère comme étant en phase d'attente pour un Ehpad et qu'ils ont le pouvoir de mener une révolution.

Moi
En gros, c'est ça. Une révolution, peut-être pas, mais le pouvoir de construire quelque chose de fort.

Yann
Monte un parti politique. Le parti des seniors ou le parti des retraités.

Gabriel
Pas con, ça. Mais pas très rentable…

Moi
Je n'aime pas la politique. Et je veux créer une société. Qui fera du chiffre d'affaires. Et des bénéfices. Un truc de boomer, quoi.

Philippe
OK. Donc on est bien sur un projet d'entreprise. Pas un projet associatif.

Moi
Non, pas un projet associatif. Justement parce que l'associatif, c'est un peu là où on accepte de mettre les seniors et les retraités en considérant qu'ils ne sont plus vraiment actifs…

Sarah
Mais l'associatif, c'est très actif.

Cette visio se transforme en vraie partie de Tetris. Je reprends la manette pour ne pas perdre la main.

Moi
Oui, je sais, c'est même plus dans la vie et dans l'économie réelle que certaines entreprises, mais c'est trop cliché

pour moi. Le retraité dans l'associatif. Le retraité grand-parent. C'est le domaine dans lequel on veut nous parquer. Tout le sujet, c'est d'en sortir, et même de refuser d'y entrer. On peut faire de l'associatif, on peut être grand-parent, mais on ne doit pas être que ça.

Philippe
Bon. Au moins, ça, c'est clair.

Sarah
Il y a évidemment la finance, le placement, la gestion de patrimoine. C'est un sujet majeur pour les plus de 60 ans qui doivent gérer l'argent de leur retraite, et c'est ton domaine.

Moi
Oui. C'est une piste. Mais je ne veux pas me cantonner à cette voie.

Gabriel se redresse et tente une sortie en surveillant Sarah du coin de l'œil pour éviter la flèche qu'elle peut décocher.

Gabriel
La finance, ça reste quand même le secteur le plus rentable…

Philippe
En dehors de la finance, qu'est-ce que tu sais faire ?

Yann
Les pâtes…

Moi
Très drôle. Je sais un peu écrire, je sais expliquer.

Sarah monte au filet et tente un smash.

Sarah
Je te rappelle juste – c'est toi qui l'as toujours répété – que tu t'es complètement planté dans tout ce que tu as fait en dehors de la finance.

Yann
Ouch…

Je rattrape la balle à la volée. Hors de question que je cède à la pression.

Moi
Oui, tu as raison, presque tout. Mais je pense que j'ai appris de mes expériences.

Philippe
Écris un nouveau livre ? *Le Guide de survie des plus de 60 ans*.

Moi
J'y ai pensé. Cela peut faire partie du projet. Mais un livre ne fait pas une boîte.

Sarah
Une newsletter ?

Moi
Oui. Pourquoi pas. J'y ai pensé aussi.

Yann
Tu as pensé à tout, en fait…

Moi
Non. Mais j'ai réfléchi à la newsletter. J'ai même réfléchi à un média pour les plus de 60 ans. En fait, il y en a déjà plein, des médias généralistes pour les plus de 60 ans.

Philippe
Tu parles des magazines type *Pleine Vie*, *Notre temps*, *Senior Plus* ou *Seniors Mag* ?

Yann
Philippe, tu maîtrises super bien le secteur ! Tu es déjà abonné ou tu les lis pour les annonces de rencontres ?

Philippe
Je m'intéresse à la presse.

Moi
Je ne pensais pas spécifiquement à ces journaux, qui sont déjà très marqués « senior plus » – plus de 70, voire

plus de 80 ans. Non, je pense à la presse écrite généraliste. Aujourd'hui, les jeunes n'achètent pas de journaux, ou très peu. Je crois que le lectorat du *Figaro* ou du *Monde* est principalement composé de plus de 60 ans. Pareil pour la télé. France 2, France 5 surtout, et les JT et une partie des programmes de TF1 sont essentiellement suivis par les plus de 60 ans. Et les plus de 60 ans ne veulent pas être stigmatisés. Ils ne veulent pas d'un média estampillé « senior ». Ils préfèrent des médias dits « généralistes » qui ne sont finalement consommés que par eux. D'ailleurs, si tu feuillettes *Le Figaro Magazine*, tu vas trouver des pubs pour des croisières et des maisons de retraite…

Philippe
Tu ne nous facilites pas la tâche. Pas de finance, pas de médias…

Je sens que je les perds, je vais finir par me retrouver seul sur le terrain. Je relance.

Moi
Je n'ai pas dit ni finance ni média. Mais l'idée ne peut pas être le média lui-même, car comme son nom l'indique, ce doit être un moyen, pas une fin en soi.

Sarah
Compris. Une newsletter, peut-être, mais qui débouche sur un service ou sur des produits.

Moi

Exactement.

Gabriel

Bon, les amis, je dois vous laisser. On se refait une visio dans une semaine pour laisser reposer tout ce qui a été dit ?

Moi

Parfait. Merci pour votre disponibilité.

Fin de la partie. Les fenêtres des écrans se referment. La scène est vide. Je raccroche.

9

SARAH

J'ai proposé à Sarah de prendre un verre avec moi pour réfléchir à la suite. Mauvaise pioche…

« Vous m'avez épuisée, avec vos échanges. De vrais gamins. Vous avez plus de 60 ans, mais on a l'impression que vous êtes encore à l'école primaire. »

S'ensuit une petite diatribe sur les hommes.

« C'est d'ailleurs un peu le problème, avec les mecs. *(Ça me rappelle la réplique des* Bronzés font du ski*, avec Thierry Lhermitte qui demande : « Quel est le principal défaut de Gérard ? » et Balasko qui répond : « Il est égoïste ! »)* Égoïstes, irresponsables. Et plus vous vieillissez, plus vous êtes égoïstes et irresponsables. Et fatigants. Tellement fatigants. »

Je la sens excédée, j'ai l'impression qu'elle vient de vivre une énième rupture et donc une énième désillusion.

Il ne s'agit plus de notre groupe, mais des hommes qu'elle rencontre. Et je ne peux pas placer une phrase. Je la laisse évacuer sa frustration.

« Franchement, j'en ai ras le bol. Soit c'est moi qui n'ai pas de chance, soit tous les mecs sont devenus cons… »

Bien évidemment, je suis en face d'elle, donc je finis par prendre sa colère en pleine poire…

« Toi, par exemple. Et ta crise des 60 ans. Tu as besoin de te prouver que tu es encore vigoureux en recréant une boîte ? C'est clair, ça sent la peur de l'érection. Ou plutôt de la perte d'érection. On a l'impression que tu avais le choix entre une start-up et une pin-up de 25 ans, et comme je sais que tu as honte de faire le vieux beau pas beau avec une gosse de l'âge de tes filles, tu choisis la start-up. Je me demande s'il y a aussi du Viagra pour retrouver ses capacités d'entreprendre. Bon, je ne suis pas sympa. Excuse-moi, mes mots dépassent ma pensée. »

J'avoue que cette attaque brutale me laisse sans voix.

Mais j'en comprends très vite la raison :

« Il faut dire qu'avec le SMS d'hier… Cet abruti qui m'a fait pendant des mois des numéros de claquettes pour me brancher et qui, après quelques semaines de relation, m'envoie un message type que ChatGPT a dû lui pondre en quelques secondes : "Tu es trop bien pour moi. Je ne me sens pas à la hauteur. Je sais que tu es la femme idéale mais je ne te mérite pas. Et je ne me sens pas prêt à repartir sur une vie de couple aussi vite après mon divorce", etc.

« Des messages comme ça, je peux les écrire tellement ils sont bateau. Là, il y est allé fort. Il a vraiment collé tous les poncifs. L'intelligence artificielle a encore une marge d'amélioration. Intelligence très artificielle et sensibilité nulle.

« Et en plus, à 56 ans, les seuls mecs qui s'intéressent à moi ont plus de 65 ans et ont accès au marché de la femme de 40 à 65 ans, voire moins. Alors, tu vois, une femme de 56 ans pour eux, c'est déjà un sacrifice. Et dans quinze ans, ils auront 85 balais et je devrai changer leurs couches. On n'a pas toutes la chance de Brigitte Macron. Pas envie de supporter un con maintenant et de devenir son infirmière dans dix ans.

« Bon, je suis de mauvais poil. Ça ira mieux demain. »

Ce verre destiné à dresser un plan de bataille – la mienne – tourne court.

Je me suis contenté d'écouter sans rien dire.

Je vais la laisser tranquille quelques jours et commencer à rencontrer des personnes compétentes sur les sujets que nous avons sélectionnés.

J'espère seulement qu'elle ne va pas écouter « Sarah », de Serge Reggiani, ça serait fatal… « La femme qui est dans mon lit n'a plus 20 ans depuis longtemps. Les yeux cernés par les années… »

10

ET MOI ET MOI ET MOI

Je me rends compte que j'ai oublié de vous dire ce que je fais exactement dans la vie.

Vous l'avez déjà compris, je suis financier. J'adore ce terme, car il ne veut rien dire.

Un financier, c'est quelqu'un qui travaille dans la finance… Cela ne vous éclaire pas beaucoup. Je ne suis pas directeur d'une agence bancaire, je ne suis pas directeur financier d'une PME ou d'une boîte du CAC 40, je ne suis pas banquier d'affaires. Je suis un entrepreneur de la finance.

J'ai eu deux vies. J'ai été trader à l'époque des golden boys, dans les années 1980. Ambiance *Le Loup de Wall Street*. Je pourrais vous raconter des milliers d'anecdotes croustillantes : c'est ce que font les vieux comme moi, non ? Raconter leurs guerres… Retenez juste que j'ai connu les années fric, une période folle où le cash coulait à flots et où l'on dépensait sans compter… Et à 40 ans j'ai décidé de créer ma propre entreprise dans la finance. Je voulais me mettre à mon compte, devenir entrepreneur. Aujourd'hui, on parlerait bien sûr de start-up.

Après avoir surfé au sommet de la vague en tant que trader, je suis tombé de très haut en tant qu'entrepreneur. Je me suis planté. Puis replanté. Cela a permis à mon ego surdimensionné de retrouver sa taille normale.

J'ai fini par trouver la bonne idée : une société de conseil en patrimoine. Avec de la distribution de produits de placement, en digital et en physique à travers des agences. Je me suis associé à un gars formidable, et on a développé tout ça. Ça a très bien marché. On a vendu. Il est parti. Et moi je suis resté, car j'ai l'impression que la société peut encore progresser.

Mais j'ai deux problèmes : un, les équipes en place sont compétentes et ont de moins en moins besoin de moi ; deux, ces équipes ont en moyenne trente ans de moins que moi.

Et alors ? me direz-vous.

Alors, je me rappelle très bien quand j'avais 25 ans et que je croisais dans mes bureaux des gens de plus de 60 ans. Je faisais des blagues du style : « Ne va pas lui parler après le repas, c'est l'heure de la sieste », ou encore : « Pas sûr qu'on le revoie demain, il a dépassé son espérance de vie. »

Déjà à l'époque, ce n'était pas drôle, mais maintenant que je suis un 60 +, ce n'est plus drôle du tout.

J'imagine mes équipes disant la même chose dans mon dos. Ou parier sur le nombre d'années qu'il me reste à vivre, ou encore guetter le moment où je vais somnoler pendant une réunion. Vous avez compris le problème…

C'est pour ça que j'ai besoin de me lancer dans une nouvelle aventure entrepreneuriale avec d'autres 60 + : pour qu'on soit plusieurs à somnoler après le repas.

Pourquoi je vous raconte tout ça ?

Pas pour raconter ma vie, qui a peu d'intérêt, mais pour que vous compreniez pourquoi je veux me relancer.

Ah oui, j'ai oublié.

Je suis *happily remarried* avec une femme de ma génération.

Et j'ai trois enfants, qui ne sont plus des enfants, de mon premier mariage.

Trois filles.

Vous savez tout.

Et je pourrais très bien comprendre que vous vous disiez : « On s'en fout, ça n'apporte rien à l'histoire. »

11

UNE PREMIÈRE IDÉE

J'ai mal dormi. On dort de plus en plus mal « à mon âge ».

Quand mon portable sonne, j'ai envie de le balancer à l'autre bout de la chambre.

Mais ce n'est pas le réveil, c'est un appel.

Et un appel si tôt le matin, c'est toujours une emmerde : une de mes filles qui a sa voiture à la fourrière, ou qui s'est engueulée avec son petit ami, ou qui se pose des questions sur son avenir ou sur le sens de la vie.

Non, c'est Philippe.

Je décroche.

Philippe

Je te dérange ?

Moi
Jamais.

Philippe
C'est sympa de dire ça, même si ce n'est pas vrai. Écoute, je trouve ton idée super excitante. Elle m'a empêché de dormir.

Moi
Content de l'apprendre, mais as-tu bien saisi qu'en fait, je n'ai pas d'idée ?

Philippe
Oui, bien sûr. Mais entreprendre sur le thème des plus de 60 ans, je trouve ça top.

Je voulais partager avec toi une réflexion sur le sujet. Nous sommes une génération qui a toujours été attachée à un lieu. Un lieu physique, pas virtuel. L'école, le collège, le lycée, les grandes écoles ou la fac, puis le bureau, encore et toujours. Et quand on part à la retraite, je crois qu'une grande partie de notre sentiment de malaise vient du fait qu'on n'a plus de lieu à nous.

Moi
Jusqu'à l'Ehpad et au cimetière…

Philippe
Exactement. Ce trou gris que tu évoquais, ce trou de quinze à vingt ans, voire plus avec l'allongement de la

durée de vie en bonne santé, c'est aussi une période où l'on n'a plus d'attaches en termes de lieu.

Moi

Je ne comprends pas. On n'est pas SDF quand on devient retraité. On a toujours un appartement ou une maison, un lieu de résidence.

Philippe

Oui, mais ce n'est pas pareil pour notre génération, surtout pour les mecs, qui ont souvent passé plus de temps au bureau que chez eux. Si tu leur enlèves le bureau, ils sont perdus. Ils n'ont plus de lieu d'attache. Ils se sentent inutiles à la maison, parce qu'ils n'ont pas eu l'habitude d'y être, et ils cherchent désespérément des lieux de substitution – clubs de bridge ou de golf.

Moi

C'est un peu réducteur et caricatural, non ?

Philippe

Oui. Un peu. Mais pas tant que ça, si tu y réfléchis bien.

Moi

Et qu'en est-il des femmes de notre génération ?

Philippe

Elles ont eu le talent de vivre plusieurs vies en même temps et de surfer entre leur lieu de travail et la maison. Elles sont moins perdues que nous quand le travail s'arrête, ce qui ne signifie pas qu'elles ne ressentent pas du tout ce malaise.

Moi
Ça se discute, mais ça se tient. C'est quoi, ton idée ?

Philippe
Créer des lieux pour les plus de 60 ans.

Moi
Des lieux ? Des résidences senior ? Il y en a plein qui font ça. Ça ressemble quand même beaucoup à des Ehpad ou à des pré-Ehpad.

Philippe
Non, non. Je pensais plutôt à un lieu réservé aux plus de 60 ans qui bossent encore, qui bossent de moins en moins ou qui ne bossent plus, pour passer la journée.

Moi
Passer la journée à faire quoi ? Jouer au flipper ? Boire des cafés ou des apéros ? Jouer au bridge ? Prendre des cours de yoga ou de Pilates ?

Philippe
Tu arrêtes de me charrier ? Non. Un lieu pour se retrouver, et surtout pour apprendre.

Moi
Une école ?

Philippe
Pas tout à fait. Un mini-campus de ville. Et on pourrait en ouvrir dans toutes les grandes villes.

Moi
Un campus pour boomers, donc.

Philippe
Oui. Avec des programmes de cours. Dans des domaines très variés, de l'histoire à la philosophie en passant par l'informatique ou les arts. Avec des profs connus ou reconnus.

Moi
Ça n'existe pas déjà, des universités pour seniors ?

Philippe
Si. Certaines facs permettent à des seniors de venir suivre des cours, mais c'est intergénérationnel. Tout le monde est mélangé.

Moi
Justement, c'est mieux d'être mélangés, non ? Quand tu as plus de 60 ans, tu n'as pas envie de ne voir que des vieux comme toi… Tu veux côtoyer des jeunes.

Philippe
Tu as sûrement raison sur le papier. En réalité, je crois que notre génération serait heureuse d'avoir des lieux qui lui soient propres, où l'on pourrait inviter des « jeunes »,

à commencer par des profs jeunes. Mais ce serait notre territoire, nous serions chez nous. Je vais préparer un petit pitch et quelques slides pour résumer le concept, et on le présente aux autres ? Toi, tu réfléchis à la partie business model.

Moi

Va te recoucher si tu n'as pas dormi de la nuit. Tu l'as bien mérité.

Plus je réfléchis à l'idée de Philippe et plus je la trouve intéressante.

C'est vrai que nous sommes une génération perdue, sans lieu d'attache.

Les bienheureux de la retraite ont la chance d'aimer rester chez eux, voyager ou se balader, ou encore d'être dans le lieu de leur passion. Mais une partie d'entre nous se sentent perdus géographiquement, comme je le serais si j'arrêtais de bosser.

L'idée, c'est un peu les MJC (Maisons des jeunes et de la culture) de notre jeunesse, version plus de 60 ans. Je vois bien le concept, mais pas le modèle économique. Or c'est clair pour moi : il faut que le projet soit viable économiquement et rentable.

12

LE GRIS NE SERA JAMAIS NOTRE COULEUR

Je crois que j'ai trouvé. Il y a peut-être un moyen de gagner de l'argent avec l'idée de Philippe.

Comme toute école ou tout club, on peut faire payer un droit d'entrée. Et ensuite on peut faire payer les modules de cours. En fait, le business model doit être calqué sur celui des groupes d'écoles privées qui cartonnent et ont atteint des valorisations stratosphériques, surtout depuis que les fonds d'investissement sont entrés dans leur capital.

Quelques jours plus tard, je reçois le pitch de Philippe et j'en reste bouche bée.

BOUMER CAMPUS. Il précise « nom provisoire », car il sait que je déteste le mot « boomer ». Il l'a écrit « Boumer » pour contourner le problème. « Boumer », ça fait *La Boum*, avec Sophie Marceau, et aussi « Boum, y a d'la joie ». Mais ça sonne quand même comme « boomer »…

En dessous, un slogan qui claque : « Le gris n'est pas notre couleur ».

Il a d'ailleurs écrit chaque lettre de « Boumer Campus » d'une couleur différente, et la présentation – quelques slides – est dans un esprit très « *flower power* », ambiance 70's. Ça accroche bien.

Sa première page est marquée d'un mot : « Manifeste », en gros et en rouge vif. Il a bien réussi à verbaliser ce que je pensais.

> Le gris n'est pas la couleur des boomers.
>
> Ils ne se sentent ni seniors, ni silver, ni « retraités ».
>
> À peine sommes-nous sortis de la vie active que la société voudrait nous cantonner dans l'antichambre d'un Ehpad, alors que l'âge moyen d'entrée dans un établissement spécialisé est supérieur à 85 ans.
>
> Aujourd'hui, dans ce « trou gris » de plus de vingt ans, les boomers n'ont pas de repères, de communauté de lieu, et de moins en moins de contacts.
>
> Or notre génération est en pleine forme, aussi bien physique qu'intellectuelle, et elle veut la conserver, voire l'améliorer. Elle a encore soif d'apprendre, de découvrir, de recevoir, mais aussi de transmettre.
>
> C'est à ces femmes et ces hommes que s'adressent nos Boumer Campus.
>
> Des lieux d'enseignement, de vie, de rencontres, d'échanges, de partage.
>
> Des lieux qui appartiennent à une communauté : la communauté des boomers.
>
> Non, le gris ne sera plus jamais notre couleur !

Ouaouh ! Il a vraiment bossé. En un temps record. Ce « manifeste » tape dans le mille.

Je suis bluffé. Je me demande sérieusement depuis combien de temps Philippe travaille sur ce projet. Il m'avoue avoir gardé cela dans un coin de sa tête depuis des années, mais que nos échanges l'ont fait ressurgir. Il adhère à mon business model avec facturation de droits d'inscription à l'année. Le montant de 1 000 euros ne le choque pas : ce n'est pas donné, certes, mais pas dissuasif non plus. Nous nous rejoignons sur l'idée de proposer des formations diplômantes, car nous sommes une génération qui carbure aux validations officielles et aux petites médailles.

Il ne reste plus qu'à soumettre le projet à la *team*. On se quitte en plaisantant sur le tir de barrage que nos amis ne vont pas manquer de déclencher.

13

L'ÉPREUVE DU FEU

La visio démarre avec les difficultés habituelles déjà évoquées, c'est toujours le même cirque…

Au bout de quelques minutes, Philippe et moi faisons face à un feu nourri de questions et de remarques. Toutes, malheureusement, pertinentes.

Je dis « malheureusement », car plus la visio progresse et plus le projet est descendu en flammes, avec bienveillance, ce qui est pire encore.

Pour Sarah, l'idée d'un « lieu physique » pour les 60 + est totalement dépassée à l'ère du digital ; c'est une idée « pré-Covid », profondément ringarde en 2024. Selon Yann, rentabiliser un lieu sera mission impossible, car les 60 + ne seront jamais disponibles sept jours sur sept, ni même cinq jours sur sept si l'on tient compte de la garde des petits-enfants, des week-ends prolongés, des vacances prolongées, des croisières (un truc de senior) et de diverses autres activités. Ils ne seront présents qu'un jour ou deux par semaine au maximum, et le lieu sera donc souvent vide.

Même Gabriel, notre éternel optimiste, ne parvient pas à sauver la mise.

Plus les questions fusent et plus la résistance de Philippe faiblit.

À bout d'arguments, il jette l'éponge : « Vous êtes en train de m'expliquer que mon idée est une fausse bonne idée. »

Ce à quoi Sarah, toujours directe, répond sans hésiter : « Oui. Nous avons tous investi dans trop d'entreprises pour ne pas faire la différence entre un bon projet qui se transformera en belle boîte et un bon projet qui ne sera jamais rentable et finira par mourir. »

La visio se termine.

Un enterrement (mot lourd de sens pour notre génération) en grande pompe.

ÉLUCUBRATION EN 60 +

L'enterrement

Vous pensez vous aussi à votre enterrement ?

Vous avez ce fantasme de pouvoir y assister pour voir ce qui se dit ?

J'ai remarqué un truc : aux enterrements, ceux qui pleurent sont le plus souvent des personnes qu'on n'a jamais vues ou qui ont un lien très éloigné avec le défunt. Les mêmes qui vous disent à l'oreille : « Il était unique, il va tellement nous manquer. »

Est-ce que je suis le seul à clamer que je voudrais que cela se passe dans une stricte intimité, tout en sachant que je serais affreusement vexé qu'il n'y ait pas foule ?

En fait, j'aimerais qu'il y ait beaucoup de monde. Ce serait plus sympa.

Qu'il fasse beau, évidemment. Rien de plus déprimant qu'un enterrement dans le froid ou, pire, sous une pluie battante. On en sort avec des chaussures couvertes de boue. Idéalement, il faut donc mourir en juin ou en septembre. Surtout pas en mai, car avec les ponts, c'est mort (!).

Le pire, c'est évidemment en août. Tout le monde est en vacances, les proches doivent quand même venir, ils grognent car ça fout en l'air leur séjour à la mer. Ils doivent prendre un avion qui leur coûte une fortune s'ils veulent faire l'aller-retour dans la journée pour ne pas perdre trop de temps.

Un pote m'a raconté un enterrement qui m'a bien plu. La morte, je le dis crûment, était malade et savait qu'elle n'en avait plus pour longtemps. Alors elle a écrit son propre discours d'enterrement, qu'elle a enregistré et qui a été diffusé avant la mise en terre. C'est le meilleur discours possible : on n'est jamais mieux servi que par soi-même.

Car les discours, soyons honnêtes, c'est vraiment LE problème des enterrements (un peu comme pour les mariages, d'ailleurs) : il y en a toujours trop. Le conjoint, les enfants, les petits-enfants, chacun déroulant une anecdote préparée qui tombe immanquablement à plat. Les proches ont la voix brisée par l'émotion et le chagrin, ce qui multiplie par trois la durée d'un discours qui devient de plus en plus inaudible.

On a aussi la version « incantation » où le proche éploré interpelle le défunt, qui ne peut pas répondre (CQFD).

J'ai assisté à des enterrements avec des enfants en larmes, alors que je savais qu'ils ne voyaient plus le défunt – qui ne l'était alors pas encore – depuis des mois, ou ne le voyaient que pour l'engueuler ou lui faire des reproches.

Je préfère réellement Meursault, le narrateur de *L'Étranger*, aux pleureuses hypocrites.

Il faut absolument que je choisisse une chanson ; c'est pas évident de choisir la bonne.

Je me laisse quelques mois. J'ai le temps de voir venir. Enfin, j'espère.

14

LE COUP DE MOU EN DEUX ÉTAPES

La déprime.

Je ressens ce que ressent tout entrepreneur ou apprenti entrepreneur qui voit son idée démolie.

La première phase, c'est le choc : « Je suis sonné. »

La deuxième, c'est le déni : « Je vais revenir à la charge en modifiant un ou deux éléments et ils vont changer d'avis, c'est sûr. Ils ne peuvent pas penser que c'est une mauvaise idée. »

Puis vient la colère : « Ils n'ont rien compris ! Je n'ai pas besoin d'eux ! Je ferai sans eux ! Et ils regretteront d'avoir passé leur tour. »

Enfin, le stade terminal : la déprime. Là, je suis en plein dedans.

Il paraît qu'après il y a la résignation, l'acceptation et, pour finir, la reconstruction.

Moi, je reste bloqué à l'étape de la déprime. Je me sens vieux. J'ai quitté mon bureau tôt, sans dire bonsoir. Et je vais rentrer chez moi, seul, pour engloutir (on dit « binger » quand on a moins de 60 ans) des séries sans intérêt. Même si c'était l'idée de Philippe plus que la mienne, je l'ai pris personnellement. Et c'est impardonnable… à mon âge…

Laisser tomber ?

Quand vous passez le cap des 60 ans, il y a toujours dans votre oreille, dès le matin, une petite voix qui vous dit : « Mais pourquoi tu t'emmerdes ? Reste au lit, reste à la maison, va te promener, va faire un golf, va boire un verre avec des potes. Laisse tomber la course du rat, arrête de courir. Après quoi ? L'argent ? » Il faut faire un gros effort pour ne pas l'écouter, cette voix. Si on se laisse aller une seule fois, elle devient chaque jour de plus en plus forte et se transforme bientôt en obsession, puis en rumination. Et la rumination, les néodépressifs comme moi, ça nous connaît. On finit en pyjama dans un lit en pleine journée. Une débâcle, une retraite…

Demain, c'est décidé, je me relance sur mon projet. Enfin, sur *un* projet, puisque je n'ai toujours pas d'idée.

15

GABRIEL

C'est en montant dans la voiture de Gabriel que je me suis rappelé pourquoi je ne supportais plus qu'il me conduise…

Pour me détendre, il m'a proposé que nous allions ensemble à notre club de boxe prendre un cours et faire quelques rounds. Et il est venu me chercher en bas de chez moi. Quelle erreur ! Il faut que vous sachiez que Gabriel n'écoute qu'un seul et unique chanteur : Charles Aznavour. En boucle. Depuis des décennies. Et impossible de le convaincre de mettre la radio ou une autre playlist. Sa playlist, sa seule et unique playlist, c'est Aznavour.

Avant de le connaître, j'adorais Aznavour. Et puis, au fil des années, j'ai fait une overdose. C'est qu'il ne se contente pas d'écouter des chansons d'Aznavour. Non. Il les commente.

« Entre, entre, je viens de mettre son live au Palais des Congrès de 1994. J'y étais. Je crois que j'ai pleuré à plusieurs reprises. »

Car Gabriel pleurait pendant les concerts d'Aznavour. Évidemment, il n'a pas loupé un seul de ses concerts au Palais des Congrès.

Comme le club de boxe est à l'autre bout de Paris, je dois me retaper presque tout le concert.

« Énorme, les violons tziganes sur cette version des "Deux Guitares" ! »

« Écoute ça, il est toujours en avance d'une mesure quand il chante "La Bohème". »

« Ça ne t'émeut pas, toi, la fin de "Non, je n'ai rien oublié" ? »

Non, ça ne m'émeut plus, car je n'en peux plus.

Puis vient « Hier encore ».

« Hier encore, j'avais 20 ans… »

Je connais les paroles par cœur, je l'ai tellement entendue. Avec lui, surtout.

Pour une fois, Gabriel ne dit rien. Pas de commentaires techniques sur les choristes ou le tempo.

Il se tourne vers moi avec une question qui tue : « Et toi, tu rêvais d'être qui, à 60 ans, quand tu avais 20 ans ? »

Je suis pris au dépourvu. Je ne m'attendais pas à ce qu'il me pose une question, et encore moins celle-ci.

Je réfléchis.

« Je ne sais pas. Je ne me projetais pas. Je ne pensais pas vivre jusqu'à 60 ans, en fait. À 20 ans, je pensais à la journée d'après, à la semaine peut-être, mais jamais au-delà. Et à 20 ans, quand tu as toujours galéré financièrement, ce qui était mon cas, tu ne penses qu'à t'en sortir.

— Tu étais déjà branché business ?

— Non. Mais je voulais devenir riche. »

Je me rends compte en lui parlant qu'à 20 ans gagner de l'argent était ma seule obsession. Pour ne plus jamais avoir de problèmes financiers, pour ne plus être obligé d'attendre le salaire à la fin du mois pour acheter ce dont j'avais besoin, pour gâter ma famille, mes parents et un jour mes enfants. Et la seule façon d'y arriver me semblait être les études, afin de prendre l'ascenseur social. C'est banal, peut-être pas très glorieux, mais c'était réellement la seule chose à laquelle je pensais à 20 ans.

Gabriel, lui, vient d'une famille aisée. L'argent n'a jamais été un sujet pour lui, alors ma réponse le surprend un peu.

« Moi je ne pensais qu'à m'amuser. Je ne me projetais pas non plus. Sortir, rencontrer des filles, passer des soirées entre potes, boire, fumer, jouer aussi. J'ai redoublé un nombre incalculable de fois. Mes parents se sont arraché les cheveux pour trouver des lycées qui accepteraient encore de me prendre. Et puis mon père est mort le jour de mes 26 ans, et j'ai dû reprendre la boîte familiale, qui était en difficulté. Je l'ai redressée en bossant nuit et jour, moi qui n'avais jamais travaillé. Mariage. Enfants. Quinze ans après, la boîte cartonnait et je l'ai vendue dès que j'ai pu. Fermement décidé à ne plus jamais m'emmerder avec des responsabilités. C'est ce que j'ai fait. Comme tu le sais, je ne vis plus que pour le plaisir. Pour mes passions. Pour mes amis.

« Ma femme m'a quitté. Je vois peu mes enfants, qui n'aiment pas mon style de vie. Plus de mariage, plus d'engagements, plus d'employés, plus de clients. La liberté. À 20 ans, je voulais être libre. Aujourd'hui, je le suis. Je ne voulais pas d'obligations : je n'en ai plus aucune. Je crois que le Gabriel de 20 ans serait très content de voir le Gabriel de 60. »

Et pendant qu'il me raconte tout ça, Aznavour continue sa litanie…

« Hier encore j'avais 20 ans
Je caressais le temps
Et jouais de la vie… »

Pour finir sur cette phrase terrible :

« Où sont-ils à présent
À présent mes 20 ans ? »

Nous étions arrivés au club de boxe. Et, pour une fois, j'étais triste que Charles Aznavour arrête de chanter…

16

L'EMPLOI DES SENIORS ?

Bon. J'ai digéré l'échec du Boumer Campus et le souvenir de la visio dévastatrice.

J'ai eu une autre idée. Je vous la livre, même si je l'ai abandonnée avant même de l'avoir formalisée.

Une agence d'intérim dédiée aux 60 + qui veulent continuer à bosser longtemps.

L'emploi des seniors en France, c'est un gag. On repousse l'âge de départ mais, dans bien des cas, cela ne sert à rien, car les entreprises ne recrutent pas de seniors. Ces derniers sont obligés d'arrêter de travailler faute de job, alors qu'ils ont envie ou besoin de bosser. Les chiffres sont désastreux. Sans compter que nous sommes bien loin derrière tous les pays développés.

Mais ça va changer, pour une raison simple : il y a de moins en moins de naissances. Il y aura donc de moins en moins de jeunes pour financer la retraite des vieux, qui seront de plus en plus nombreux, car ils vivent de plus en plus longtemps.

Le Japon connaît cette situation. Afin de pallier le manque de main-d'œuvre, les Japonais ont rameuté, d'une part, toutes les femmes qu'ils avaient pris soin d'enfermer à la maison pendant des décennies et, d'autre part, les seniors et très seniors, dont la retraite n'est plus suffisante et qui ont mangé leur capital parce qu'ils pensaient mourir à 70 ans, alors qu'il va leur falloir tenir vingt-cinq ou trente ans de plus.

En France, pour l'instant, les entreprises ne veulent pas de seniors. D'où mon idée d'agence de placement pour des cadres seniors, que je coacherais. Cependant, ça existe déjà un peu avec les boîtes d'intérim qui font de la reconversion de fin de carrière (tout est horrible dans cette expression : « reconversion », « fin » et « carrière »). En gros, pour l'instant, ça ne marche pas. Or il va falloir que ça fonctionne, on ne va plus avoir le choix.

Pourquoi ai-je décidé de ne pas creuser ce projet ? Parce que ça ne m'intéresse pas vraiment. Parce que cette activité reposerait sur de la gestion de personnel, et gérer du personnel en France – comment le dire pour ne pas tomber dans le *French bashing* ? –, c'est « compliqué ».

Il reste la solution de créer une « plateforme » digitale. J'adore ce terme. J'imagine des pages entières de photos de seniors proposant leurs services avec deux ou trois compétences mises en avant.

J'hésite entre deux images quand je pense à ça : les filles dans les vitrines du Red Light District à Amsterdam ou à Bangkok, et les scènes qu'on a vues dans les films sur les États-Unis après la crise de 1929, avec des foules de travailleurs « journaliers » crevant de faim, attendant que quelqu'un les emploie pour la journée à un tarif dérisoire et les fasse monter dans un camion pour douze ou quatorze heures de travail éreintant.

Je délire. Ce n'est pas tout à fait ça. Mais je n'ai pas envie de me lancer dans la traite des seniors.

17

PHILIPPE

Philippe a 63 ans. Il n'a pas ressenti la même chose que moi au passage des 60 ans. Je vois bien qu'il a du mal à me comprendre, même trois ans après. Il aime bien son âge, me dit-il. Il trouve que ce serait un âge idéal si l'on trouvait un moyen – autre que la mort, bien sûr – d'arrêter les compteurs et de ne plus vieillir. Avoir 65 ans pendant trente ans lui conviendrait parfaitement.

Ses arguments sont simples, mais frappés au coin du bon sens. C'est une période assez privilégiée, sous réserve que l'on n'ait pas de soucis d'argent ni de santé : on n'a plus d'enfants à la maison, on n'a plus rien à prouver professionnellement, on a conscience des erreurs que l'on a faites et on les accepte, on peut profiter de la vie, on a plus de temps libre.

Je vois ce temps libre comme un « trou gris », Philippe non. Il est vrai, cela dit, que sa vie n'a pas tourné, comme la mienne, uniquement autour du boulot. Il a des passions. Le piano d'abord. Il y a toujours consacré une partie de ses soirées et de ses week-ends. La littérature ensuite. Ça semble très bateau, mais ça remplit son temps libre. Et il aime s'occuper de sa maison. Ce qui est loin d'être mon cas. Quand il me raconte ses week-ends, je suis perplexe : il a toujours quelque chose à faire, un truc à réparer dans sa baraque. Sans parler du jardin, qui « a besoin d'attention » – je le cite. Il adore ça.

Il est d'accord avec moi sur un point : il faut continuer à bosser si on le peut et si on le souhaite pour rester dans le coup et alerte, mais arrêter de travailler et passer du temps avec sa femme et ses enfants ne lui poserait aucun problème.

Il a déjà une petite-fille, il en est fou et attend les prochains petits-enfants avec impatience. Il se voit vieillir dans la sérénité.

C'est tellement loin de ce que je ressens…

18

UNE COMMUNAUTÉ

Je suis persuadé qu'il faut raisonner « communauté ». Nous sommes depuis longtemps dans l'ère des communautés – on le voit avec les réseaux sociaux. Et celle à laquelle je m'adresse est énorme : 27 % de la population, bientôt plus de 30 %. Mais, pour l'instant, aucun sentiment d'appartenance ne nous relie. Il me semble que c'est là le fil que je dois tirer pour créer notre entreprise : la communauté des 60 +, et en particulier la tranche des 60-80 ans, même si je ne veux pas fixer de limite d'âge – je me plains du sectarisme antivieux, je ne vais pas créer un sectarisme anti-4e âge…

Toutefois, une communauté, il faut la créer, l'animer et la développer.

Qu'est-ce qui peut fédérer un ensemble tel que celui-là au quotidien ? Un média ? Une newsletter ?

Pour les plus de 60 ans, c'est complexe. Je l'ai déjà dit : tous les médias classiques sont déjà, de fait, les médias des plus de 60 ans, car ce sont eux qui consomment encore la presse écrite et regardent les programmes télévisés à heures fixes.

Le Parisien a publié une étude édifiante sur le sujet : la moyenne d'âge du public de l'ensemble des chaînes télé est de 57 ans, contre 48 ans en 2010 ! Et pour des chaînes comme France 5 ou Arte, on monte à 65 ans ; pour France 3, à 66 ans. L'âge moyen de la population a progressé de 39 à 42,2 ans entre 2010 et aujourd'hui, mais force est de constater que celui des téléspectateurs a connu une croissance exponentielle. La télé est devenue un média 50 +, voire, pour certaines chaînes, 60 +.

Pas étonnant que le son y soit de plus en plus fort…

Vous voyez un peu mon problème ? Créer un média généraliste comme une newsletter n'apportera rien. Je ne peux pas concurrencer en même temps *Le Figaro*, *Les Échos*, *Le Monde* et France Télévisions. Impossible.

Pourtant, je tiens quelque chose. Je sens que je dois persévérer dans cette voie : communauté et média communautaire.

19

UN MÉDIA

J'ai toujours aimé les médias.

Je suis souvent intervenu dans des émissions de télé ou de radio lors de crises financières majeures ou quand je sortais un livre sur la finance ; j'ai contribué à plusieurs médias papier avec des éditos sur l'économie. J'ai observé avec intérêt la mutation des médias vers le digital et l'émergence des réseaux. Une mutation passionnante qui a fait de nombreuses victimes.

Et comme je connais quelques personnes dans ce milieu, je vais les solliciter.

J'ai rencontré Estelle quand elle n'était que stagiaire dans un quotidien qui a aujourd'hui disparu. Elle est grand reporter depuis plus de vingt ans dans un grand hebdo. Vive, intelligente, cultivée.

« Comment marche le grand hebdo ?

— Pas facile. Ça n'a pas changé. Le papier se vend de moins en moins. Heureusement, on a encore nos abonnés qui sont fidèles. On fait du digital, évidemment, mais pour des généralistes comme nous, ce n'est pas facilement monétisable. Les lecteurs veulent bien payer pour le *Financial Times*, *The Economist* ou même *Les Échos*, mais ils n'ont pas envie de payer pour un généraliste. On rame. Et toi ?

— Tout va bien. Je bosse toujours, malgré mon âge avancé, et je cherche un nouveau projet !

— Encore ??!! Tu ne veux pas voyager et jouer au golf ? J'en rêve. »

Pourquoi tout le monde veut-il me faire voyager et jouer au golf ?

« Surtout pas. Voyager et jouer au golf, c'est l'autoroute directe vers le cimetière !

— Toujours aussi optimiste. Qu'est-ce qui t'amène ? Ne me dis pas que tu veux lancer un projet dans les médias ? Tu connais la blague : "Comment devient-on millionnaire dans les médias ? En étant milliardaire quand on investit."

— Il y a pourtant des groupes de médias qui marchent.

— Oui. Comme je te l'ai dit, des médias spécialisés, mais surtout digitaux, qui font écrire leurs articles par des pigistes externes et bientôt par ChatGPT, et qui sont des plateformes de contenu et de pub. »

J'explique à Estelle mes axes de réflexion sur un média communautaire.

« Je comprends, me dit-elle. Il y a quelques médias 4e âge qui marchent bien.

— Oui, mais moi je vise plutôt les 60-80.

— Comme tu l'as fait remarquer, c'est le créneau actuel de tous les médias. C'est le nôtre. L'âge moyen de notre abonné est de 64 ans. Non, je ne vois pas de place pour un projet média dans cette tranche d'âge. Elle est déjà très encombrée. Mais je vais y réfléchir. »

Exit Estelle. Richard entre en scène. Un tycoon des médias. Un Citiken Kane tricolore. Il a fondé un des plus gros groupes indépendants de radio en rachetant des stations en difficulté avant de les revendre avec succès. Mais il continue à diriger. Un visionnaire.

Je lui expose mon projet de média communautaire, et en particulier de newsletter.

« Intéressant. Très intéressant. C'est vrai que tu ne peux pas faire une newsletter généraliste : tu es légitime sur l'éco et les placements, mais pas sur l'actu généraliste. Laisse-moi réfléchir. J'ai peut-être une idée. Tu te rappelles le *Reader's Digest* ?

— Cette publication qui donnait des résumés et des critiques de bouquins ?

— C'est ça. Un zapping avant l'heure. Une revue des bouquins du moment en "digest".

— Quel rapport avec mon idée ?

— Tu devrais faire la même chose pour la presse. Un "digest" de l'info généraliste.

— Une revue de presse ?

— Exactement. Ça marche encore très bien en radio. Plus personne n'a la patience, dans cette ère de perte totale d'attention et de concentration, de lire tous les journaux tous les jours, même sur tablette. On va en lire un ou deux, et encore, pas tous les jours, et on ne va jamais lire ceux qui ne correspondent pas à notre sensibilité, alors que certains articles peuvent nous intéresser.

— Oui, je vois… Pas con. Une newsletter revue de presse avec un angle 60 +.

— Garde l'angle, mais sans l'afficher forcément. Il te faut un bon design. Et un ton. À terme, ce qui fera la différence entre un média "full intelligence artificielle" et un média "humain", c'est le ton. Il faut qu'il soit décalé. Et qu'il prenne position. Il faut que tout soit éditorialisé. Si tu montes ta boîte, tu me gardes une place au capital. »

Je n'ai pas encore de projet, mais j'ai déjà un investisseur. C'est une consolation.

20

L'INTELLIGENCE ARTIFICIELLE

On est foutus. Il n'y aura bientôt plus de boulot pour les prochaines générations. Les nouvelles versions des moteurs conversationnels à base d'intelligence artificielle sont sortis.

J'ai posé la question suivante à Google Gemini : « Je voudrais créer une newsletter quotidienne pour les plus de 60 ans français qui soit une revue de presse. Que dois-je faire ? »

Accrochez-vous. Voici sa réponse :

1. Définir le contenu

Thèmes : Privilégiez les sujets d'actualité qui intéressent les seniors : santé, bien-être, retraite, finances, voyages, loisirs, culture, société. Sources : Sélectionnez des sources fiables et variées : journaux nationaux et régionaux, magazines, sites web d'institutions, blogs d'experts. Format : Variez les formats : articles courts, résumés, interviews, vidéos, infographies.

2. Structurer la newsletter

Titre accrocheur : Indiquez clairement le contenu et la cible. Introduction : Présentez brièvement la newsletter et son objectif. Rubriques thématiques : Organisez les articles par thèmes. Résumés : Offrez des résumés clairs et précis des articles. Liens vers les sources : Permettez aux lecteurs d'approfondir les sujets qui les intéressent. Conclusion : Proposez un appel à l'action : inscription, partage, commentaires.

3. Soigner la présentation

Lisibilité : Utilisez une police de caractères lisible et un formatage aéré. Images et illustrations : Ajoutez des visuels pour agrémenter la lecture. Identité visuelle : Créez un logo et une charte graphique cohérente.

4. Diffusion et inscription

Plateforme d'envoi : Utilisez une plateforme d'e-mailing pour créer et diffuser la newsletter. Promotion : Faites connaître la newsletter *via* les réseaux sociaux, les associations locales, les clubs de seniors.

5. Conseils supplémentaires

Personnalisation : Adaptez le contenu aux centres d'intérêt de vos abonnés. Interactivité : Intégrez des sondages, des quiz ou des questions pour faire participer les lecteurs. Régularité : Assurez un envoi régulier de la newsletter (quotidien, hebdomadaire). Suivi et analyse : Mesurez les performances de la newsletter pour l'améliorer en permanence.

Franchement ! C'est bluffant, non ?

Combien d'heures de travail, combien de milliers d'euros versés à des consultants pour arriver à cette réponse qui n'oublie rien et est d'une désarmante efficacité ?

Quelle révolution ! Et nous n'en sommes qu'aux prémices.

J'ai un plan d'attaque complet.

21

ON REFAIT LE POINT ?

Je n'ai pas eu le courage d'organiser une visio avec toute ma team. La crainte de voir mon projet démoli à nouveau.

J'ai appelé Yann pour l'inviter à dîner au resto. Il a un esprit d'analyse et de synthèse dont j'ai besoin.

Yann est très « 2020 » pour la bouffe. On opte pour un « petit resto de quartier » – il en reste de moins en moins, cela dit (le « c'était mieux avant », c'est un truc de senior, non ?).

Nous commandons rapidement pour passer aux sujets sérieux.

J'explique l'idée d'une newsletter 60 +.

Silence.

Assourdissant.

Moi
Quoi ??? C'est nul, encore ???

Yann
Non, non. Mais personne ne va payer pour une newsletter « news digest ». Tu as dit toi-même que la newsletter n'était qu'un moyen de mettre en avant des produits ou des services. Un « média ». Elle doit donc être gratuite pour que tu puisses distribuer un produit ou un service. Tu vas vendre quoi ?

Moi
C'est justement le sujet. C'est pour ça que je voulais ton avis.

Ce n'est pas tout à fait vrai, j'avais encore la faiblesse de croire que je pouvais vendre une newsletter avec un abonnement payant, mais oublions...

Yann
C'est simple. Liste toutes les préoccupations des seniors de plus de 60 ans et vois si tu peux apporter une réponse intéressante et rentable à l'une d'elles. Faisons l'exercice ensemble.

Après quelques échanges, et grâce à l'aide de nos amis ChatGPT et Google Gemini, nous parvenons à dresser une liste qui nous semble assez complète : les relations sociales, la santé (incluant la forme physique, le régime, l'apparence physique, mais aussi la santé morale avec les psys, par exemple), le sexe bien sûr, le couple, les enfants, la transmission, l'indépendance financière, l'immobilier et le lieu ou pays de (fin de) vie.

Nous continuons à réfléchir. Les plats succèdent aux entrées.

C'est amusant, dans les restaurants, de voir qui commande quoi. Surtout chez les 60 +. Et les hommes sont devenus encore plus obsessionnels que les femmes. Il y a les adeptes du « je prends une entrée et une autre entrée comme plat », pour faire light. Eux disent toujours non quand le serveur demande s'il « reste de la place pour le dessert » (image un peu dégoûtante d'un estomac dans lequel il faudrait pousser pour faire entrer un dessert).

Il y a aussi les spécialistes du « il y a de l'ail dans votre salade ? », « je peux avoir l'avocat-crevettes mais sans crevettes ? ». Et pourquoi pas sans avocat ? « Et la sauce à part, pas de vinaigrette merci, vous avez juste un peu d'huile d'olive et du citron ? En fait non, juste du citron. »

Et je vous passe les attitudes avec le pain, ceux qui le renvoient, ceux qui le grignotent par petits bouts mais ne le mangent pas vraiment.

Yann, c'est un peu tout ça à la fois.

À 68 ans, il court trois marathons par an, mais se surveille en permanence. Pendant que j'engloutis et que j'engraisse – ce qui explique mon IMC, à la frontière entre le surpoids et l'obésité, non morbide heureusement –, lui picore. Jamais un dérapage, même contrôlé. Il m'énerve.

Nous nous quittons, après des profiteroles pour moi, alors que je m'étais juré de ne pas prendre de dessert, et une tisane pour lui. Ce n'est pas comme ça que je vais améliorer mon espérance de vie.

Nous avons envoyé la liste des préoccupations des 60 + à nos compagnons pour réactions et suggestions. En termes de réactions, nous avons été servis…

ÉLUCUBRATION EN 60 +

La rue

Il faut que j'arrête. Je vais finir par passer pour un pervers. Je dois absolument arrêter de fixer les hommes très âgés dans la rue (j'avais mis « âgés », mais j'ai réfléchi et opté pour « très âgés », car je suis devenu un homme âgé aux yeux des moins de 60 ans).

J'essaie chaque fois de deviner leur âge pour me projeter.

Si j'avais 85 ans, je marcherais comme celui-ci ?

Si j'avais 90 ans, j'aurais l'air un peu perdu comme celui-là ?

Et ce couple de petits vieux qui avancent à petits pas, quel âge ont-ils ? Est-ce que nous leur ressemblerons, ma femme et moi ?

Ce qui n'était qu'un jeu au début est devenu une obsession. Sans compter que je me pose peut-être des questions inutiles : rien ne dit que je tiendrai jusqu'à cet âge avancé. Car on ne bat pas des records de longévité dans ma famille : mon père est mort à 65 ans. Et aucun de mes ascendants n'a dépassé les 70 ans…

Cette « horloge génétique », j'y pense tout le temps. Je vais malgré tout m'efforcer d'en faire abstraction les prochaines semaines, car j'ai un projet à trouver et à lancer, et j'ai encore besoin de quelques années…

22

LES PRÉOCCUPATIONS DES 60 +

À peine la liste des préoccupations envoyée à notre team, les retours ont fusé. Les boucles de mails se sont étirées. Et nos serveurs ont chauffé, une catastrophe pour les émissions de CO_2.

Je vous épargne tous les échanges. Il y en aurait pour une vingtaine de chapitres. Voici un petit résumé.

La santé physique

On est passés de clubs de sport pour 60 + à des entraînements pour courses en déambulateur en Ehpad. (Au milieu, Gabriel a proposé que le club de sport se transforme à partir de 20 heures en club de rencontres ; nous l'avons arrêté avant le basculement en club échangiste à minuit. Il a même suggéré qu'on rachète le célèbre club parisien Les Chandelles et qu'on y installe des vélos et des tapis de course pour une pratique dans le noir dans le plus simple appareil...)

Nous sommes tous tombés d'accord sur le fait que la santé physique était certes une préoccupation majeure des 60 +, mais qu'elle était déjà largement couverte par la concurrence.

Le régime

Sujet majeur. Incontournable. Mais Sarah a clos le débat en expliquant que tous ceux qui seront ou se sentiront en surpoids consommeront les petites pilules anti-obésité qui dans quelques années seront aussi facilement disponibles que le Viagra. Je cite : « L'industrie de l'amaigrissement, c'est la sidérurgie des années 30 (2030). » Ça refroidit.

Direct à la poubelle, donc.

La médecine esthétique

Pour Philippe, l'apparence physique, le rajeunissement et l'esthétique sont « l'Internet de demain ».

Les entreprises de ravalement vont faire fortune et nous ressemblerons tous aux frères Bogdanov ou à Madonna dans dix ans.

Il y a donc consensus : c'est une piste à creuser ! Gabriel propose de me mettre en contact avec une entrepreneuse *successful* du secteur.

La santé mentale

Plusieurs sous-thèmes sont listés par Philippe, dont la mémoire, avec la terreur Alzheimer, ou encore les thérapeutes et les psys.

On se met tous d'accord sur le fait que si tu n'as pas un psy à 60 ans, tu as raté ta vie (ne pas oublier la Rolex à 50).

La conversation dérape, avec des propositions d'applis de jeux de mémoire ou d'OPA sur des sociétés de mots fléchés, mais le sujet est tout de même retenu.

Je propose d'échanger avec mon psy pour explorer cette piste prometteuse.

Nous évacuons les réflexions sur des écoles ou des études pour 60 + après l'expérience douloureuse du veto contre le « Boumer Campus ».

Le sexe

Vous imaginez facilement la teneur des échanges (le mot est mal choisi d'ailleurs) sur ce sujet. C'est évidemment celui qui a le plus stimulé les imaginations.

Applis de rencontres (pléthoriques), clubs de rencontres (sans équipements sportifs), accessoires, bien sûr (la partie – le mot est mal choisi, encore une fois – la plus chargée des échanges – zut, vous allez penser que je le fais exprès –, échanges que je me refuse à retranscrire, même si ça me démange), webinaires spécialisés (qui me paraissaient très proches, dans la conception de Gabriel, de vidéos pornos), etc.

La décision est prise à l'unanimité de laisser tomber le sexe (dans nos discussions, je vous rassure… ou pas). Un sujet trop sensible. Mais essentiel.

L'immobilier

Pas ou peu de débat sur ce thème. Nous sommes tous d'accord pour dire que l'immobilier est une obsession des Français en général et des plus de 60 ans en particulier.

Yann insiste sur le fait que, pour cette tranche d'âge, la question n'est plus d'acheter ou de ne pas acheter. À 60 +, il y a ceux qui sont propriétaires et ceux qui ne le sont pas. Et, selon lui, ceux qui ne le sont pas ont peu de chances de le devenir. Quant à ceux qui le sont, ils se posent des questions : ils veulent un toit pour ne pas se retrouver SDF, mais possèdent souvent des biens qui ne sont plus adaptés à leurs besoins, puisque les enfants ont quitté, enfin, le nid familial.

Gabriel souligne que beaucoup de 60 + ont un patrimoine immobilier, mais de moins en moins de revenus, ce qui crée une situation paradoxale.

Le sujet du viager est évoqué. Il a une mauvaise image, mais Sarah pense qu'on doit le creuser tout de même.

L'immobilier est donc retenu, à l'unanimité.

Les placements

Là, on est au cœur de mes compétences et il n'y a que moi qui parle – ça change un peu…

Les 60 + ont de moins en moins de revenus du travail. Ils doivent donc gérer leurs économies pour « tenir » le plus longtemps possible, car leur retraite est ou sera insuffisante pour préserver leur niveau de vie.

Préoccupation jugée incontournable à l'unanimité. Sujet retenu. Pas de débat.

Les relations sociales

Pour Sarah, c'est la clé du « bien vieillir » : être entouré.

Nous sommes tous d'accord sur ce constat, bien que personne n'ait d'idée concrète.

Rien de pertinent n'est exprimé. Mais nous ne pouvons pas ignorer cette préoccupation majeure. À creuser, donc.

23

L'ENTREPRENEUSE DE L'ESTHÉTIQUE

Gabriel m'a organisé un rendez-vous avec son amie.

Cindy, 37 ans. Elle a repris la clinique esthétique de son père. La Clinique de l'Arc de triomphe.

Joli nom. Belle marque.

« Enchanté, Sam. Gabriel m'a beaucoup parlé de toi.

— En bien, j'espère.

— En bien et en mal. »

Au moins, elle est directe, on ne va pas perdre de temps…

« Il m'a expliqué que tu réfléchissais à monter une start-up pour les seniors.

— Oui. On regarde tous les sujets qui sont des préoccupations majeures pour les plus de 60 ans, et on s'est dit que c'était le cas de l'apparence et de l'esthétique.

— Tu serais surpris de voir l'âge de nos clients et clientes… L'esthétique n'est pas seulement une préoccupation de seniors. Avec l'explosion des réseaux sociaux et de la téléréalité, l'âge moyen de nos patients et surtout de nos patientes est bien inférieur à 60 ans. Dès 25 ans, ça devient un sujet majeur.

— Quel est ton parcours ?

— J'ai fait une école de commerce. À la sortie, j'ai rejoint mon père à la direction de la Clinique de l'Arc de triomphe, spécialisée dans la médecine esthétique.

— J'imagine que ce n'était pas simple d'être “la fille du patron”.

— Non. Pas simple. Surtout que j'avais à peine 23 ans. Mais j'ai été bien accueillie. Et, très rapidement, mon père m'a confié la direction générale.

— Impressionnant.

— Merci. Mais j'ai ramé pendant cinq à six ans. Mon père était un artiste. Les finances n'étaient pas son fort. La clinique marchait bien, mais elle ne dégageait pas de profits. On était trop focalisés sur la chirurgie esthétique et pas assez sur la médecine esthétique, plus simple, moins invasive et plus rentable.

— C'est quoi, la différence ?

— La médecine esthétique utilise des techniques pas ou peu invasives, comme les injections d'acide hyaluronique, les lasers, les peelings, la radiofréquence, avec des résultats temporaires et des suites légères. Pas de convalescence, moins d'effets secondaires. Elle est aussi moins coûteuse. *A contrario*, la chirurgie esthétique repose sur des techniques invasives et des interventions chirurgicales

– liftings, rhinoplasties, liposuccions. Les résultats sont permanents, ce qui implique des suites plus lourdes, une convalescence possible, des risques d'effets secondaires plus importants. Et ça coûte plus cher.

— Tu t'es focalisée sur quoi quand tu as repris la boîte ?

— Je me suis fixé deux objectifs immédiats : la digitalisation, notamment pour la prise de rendez-vous, et l'assainissement des finances. Ça m'a pris du temps, mais on y est parvenus. Et ce n'est qu'après que je me suis lancée dans le développement. J'ai modernisé notre établissement principal pour en faire la plus grosse clinique d'esthétique d'Europe. Et j'ai répliqué le modèle. D'abord en France, à Nice. Et puis à l'étranger. Nous sommes désormais installés à Londres, New York et Dubaï. Nous avons ensuite mis au point un concept d'hôtel spa esthétique avec un grand groupe d'hôtellerie.

— Quelle évolution ! Et ça marche ?

— Oui. Très bien. On a remboursé intégralement la dette que mon père avait accumulée. Et on est devenus très rentables.

— Ton père en dit quoi ?

— Il est resté avec moi. Il est devenu président non opérationnel. On forme un super tandem, mais il me laisse les rênes et dit à tout le monde qu'il adore travailler pour moi. »

Elle éclate d'un joli rire qui laisse apparaître des dents blanches. Très, très blanches.

J'essaie de déceler sur son visage des traces d'intervention esthétique, mais je ne vois rien. Soit c'est très bien fait, soit elle n'a pas cédé à l'attrait de ses propres opérations…

« Tu vois des opportunités dans le secteur pour une start-up ?

— Le secteur va exploser. Le taux de pénétration en Europe, et en France en particulier, est inférieur à 10 %, contre 50 % au Brésil. »

Comme dirait Gérard de Villiers dans SAS, « un ange passe »… J'imagine des millions de femmes zombies avec des visages sans expression et des fesses à la Kardashian. Cindy doit lire dans mes pensées car elle enchaîne :

« Les Français ont une vision très négative de la médecine esthétique. Pourtant, nous améliorons le quotidien des personnes sur lesquelles nous intervenons. Elles se sentent plus jolies, elles ont plus confiance en elles, et on évite les excès à la Bogdanov… Il y a donc de nombreuses opportunités. Soit du côté des centres ou des cliniques comme les nôtres, mais les barrières à l'entrée deviennent de plus en plus importantes du fait du coût des installations et des loyers dans les grandes villes, soit du côté des produits avec les marques de cosmétiques ou les pharmacies, mais là aussi la barrière à l'entrée est élevée. C'est un secteur qui demande des capitaux.

— Et toi, justement, tu te finances comment ?

— Jusqu'à présent, on s'est développés en fonds propres, avec le réinvestissement de nos bénéfices et avec de la dette bancaire. Mais ça ne suffit plus. Si on veut accélérer sur l'international et sur l'hôtellerie spécialisée, il nous faut beaucoup d'argent. Je réfléchis à faire entrer un fonds d'investissement. Beaucoup me tournent autour. C'est peut-être ça, ton idée de start-up : un fonds d'investissement spécialisé. »

Encore la finance… Même quand je cherche à m'en sortir, je retombe dessus.

« D'ailleurs, si tu veux investir chez nous ou lever de l'argent pour investir chez nous, tu seras le bienvenu. J'aimerais mieux avoir des financiers à visage humain avec moi que des champions du tableur Excel.

— À visage humain avec Botox ? »

Ma blague tombe à plat. Elle est déjà passée à autre chose. Son portable sonne toutes les dix secondes.

« J'espère que j'ai pu t'aider dans ta réflexion… Je dois filer, j'ai pas mal de calls à passer. Tiens-moi au courant si tu te lances dans le financement de notre secteur, ça peut m'intéresser. »

Elle se lève. Me serre la main. Et disparaît avant même que j'aie eu le temps de la remercier pour le temps qu'elle m'a consacré. Elle m'a vraiment impressionné. J'adore les entrepreneurs, et peut-être plus encore les entrepreneuses.

Bilan de la rencontre : un créneau pour monter un fonds spécialisé dans le secteur. Je garde l'idée, même si je n'ai pas l'intention de me cantonner dans mon métier, qui pourtant me rattrape dès que j'essaie de lui échapper… Je me demande d'ailleurs pourquoi j'ai autant envie de le fuir. Enfin, ça, c'est une autre histoire. Je vous en parlerai plus tard. Promis.

ÉLUCUBRATION EN 60 +

Les snipers

Imaginez que vous courez sur un immense terrain à découvert et que plusieurs snipers extrêmement habiles tirent sur tout ce qui bouge. Parmi ces snipers, quatre sont particulièrement redoutables : le cancer, l'AVC, Alzheimer et Parkinson.

Les 60 + que je connais partagent pour la plupart ce sentiment : cette course effrénée et souvent vaine pour éviter les balles.

Une bonne condition physique permet d'en éviter certaines, mais ce n'est pas une garantie. Plus ça tombe près de vous et plus vous paniquez. Plus vous paniquez et plus vous faites de tests, d'examens, de bilans. Le business du check-up a explosé. Un bon business, d'ailleurs. La coloscopie, les IRM, les scanners, les électrocardiogrammes d'effort rassurent seulement pendant quelques jours.

« Tu as entendu que X était mort ?

— Il avait quel âge ?

— 65 ans.

— Ah merde, c'est jeune. De quoi ?

— Cancer. »

« J'ai croisé Y hier, il avait l'air très fatigué et marchait difficilement.

— Ah oui, c'est horrible. Il a Parkinson.

— Quel âge ?

— 67 ans. »

Et toujours la même conclusion : « Ah merde, c'est jeune… »

Dans ce climat d'incertitude permanente, il y a une seule bonne nouvelle.

Aujourd'hui, lorsqu'une personne décède avant 85 ans, on dit soit : « Ah merde, c'est jeune », soit, pour les plus âgées : « Ah zut, il n'était pas si vieux. »

Lorsque j'étais enfant, c'était à partir de 65 ans qu'on disait : « Ah zut, il n'était pas si vieux. »

Voilà, c'est le seul élément positif. Le reste est vraiment pourri.

Les snipers tuent, mais parfois c'est pire : ils blessent de façon si profonde ou humiliante que la mort serait préférable.

Nous sommes la première génération à voir nos parents diminuer de façon dégradante, à être confrontés à la décision de les abandonner un peu, parfois beaucoup, et à avoir à choisir entre la culpabilité de l'abandon et la déprime de les voir sombrer.

Est-ce qu'on leur rend visite assez souvent ? Jamais assez souvent, à vrai dire.

Est-ce que c'est le fait de les voir trop souvent qui nous plombe ainsi ? Jamais trop souvent non plus.

De toute façon, c'est un lose-lose. Quoi qu'il arrive, nous sommes de mauvais fils ou de mauvaises filles, à quelques rares exceptions près.

Et nous ? Nous qui savons, nous qui avons vécu cela, que ferons-nous quand notre tour arrivera ?

Je suis frappé par le fait que peu d'entre nous laissent des instructions précises à leurs enfants.

Peu de testaments sont rédigés. Ceux qui le sont concernent presque toujours les questions de biens et d'argent, ce qui n'est qu'une partie du sujet.

Si vous « perdez la tête », que doivent faire votre conjoint, s'il est toujours vivant, et vos enfants ? Si vous ne leur dites pas ce que vous souhaitez, ils porteront sans cesse le poids de la culpabilité, comme vous.

Hors de question que je laisse ces choix délirants à mes enfants. Je vais rédiger des instructions précises.

Certes, le débat sur la fin de vie ne fait que commencer, mais le débat sur *ma* fin de vie n'a pas lieu d'être pour moi. Dès que je serai « déconnecté », j'espère que mes enfants suivront mes volontés et iront voir des médecins amis qui accepteront de leur donner un coup de main pour abréger ma déchéance.

Vous l'avez compris, ce n'est pas toujours la grande forme quand on est 60 +.

Je vous laisse. Je dois recommencer à courir... en évitant les tirs des snipers.

Courir pour créer une nouvelle entreprise qui va me permettre de ne pas vieillir ou de mieux vieillir.

En attendant, je vais prendre rendez-vous pour une coloscopie. Je n'en ai pas fait depuis huit ans et il faut en faire tous les cinq ans... Cela promet quelques nuits blanches. Et des allers-retours en panique aux toilettes la veille après avoir ingurgité cette substance horrible – je vous épargne les détails...

24

ANXIEUX

Avant de vous parler de l'« interview » de mon psy, quelques mots sur mon parcours psy.

Mon profil est simple (quoique...) : anxieux, très anxieux. Stressé, très stressé.

Cela fait 60 ans ou presque que je me réveille avec une boule au ventre, plus ou moins ronde, plus ou moins grosse, et que je passe quelques minutes, absolument chaque jour sans exception, à envisager toutes les galères qui pourraient me tomber dessus.

Comme tous les anxieux, quand je suis confronté à un vrai problème, je me sens mieux, car je ne suis plus dans l'attente, mais dans l'action pour tenter de le résoudre. Schéma classique.

Le stress a été un moteur pendant ma jeunesse et mes deux premières décennies professionnelles. Je n'aurais jamais « réussi » sans lui.

Mais, passé un certain âge, le stress est un handicap. Et les couches de stress s'accumulent. Un peu comme la graisse. Petit à petit, on l'évacue moins facilement. Là encore, comme la graisse.

Dépressions à intervalles réguliers, donc.

Des légères, quelques mois, antidépresseurs et ça repart.

Mais aussi deux dévastatrices que j'ai mis des années à surmonter.

Provoquées par des chutes professionnelles.

Une petite anecdote : lors de mon dernier « épisode dépressif » (c'est comme ça que les psys me le décrivaient), les médocs ne marchaient pas. Seule la lecture du livre de Philippe Labro *Tomber sept fois, se relever huit* m'a permis de tenir (j'en étais à six…).

J'ai donc essayé la sophrologie, l'acupuncture, et j'en passe. En plus des médocs, donc.

On m'a conseillé une hypnotiseuse. J'y suis allé. J'étais prêt à tout tenter.

La séance n'a rien donné. Elle n'a pas réussi à m'endormir.

Je m'attendais à ce qu'elle me dise de revenir, qu'il fallait plusieurs séances, que c'était normal.

Mais elle a conclu notre rendez-vous en me disant : « Je ne peux rien faire pour vous. Dans votre cas, la seule solution, c'est l'hospitalisation. Et rapidement. »

Imaginez l'état dans lequel j'étais en sortant.

Je me voyais déjà en camisole blanche, ambiance *Vol au-dessus d'un nid de coucou*.

Surtout que, peu de temps avant, le psy que je voyais m'avait lâché en me disant, texto :

« Désolé, mais je ne peux plus vous suivre.

— Mais pourquoi ?

— Vous êtes une personne assez médiatique et, si vous vous suicidez, je serai probablement éclaboussé. »

Sympa et encourageant, non ?

Heureusement, Labro avait raison : le huitième traitement avec une huitième molécule fut le bon. Depuis, j'ai un nouveau psy que je vois une fois par semaine et avec qui je m'entends très bien.

C'est lui que je vais interroger.

En attendant, je suis devenu le « référent » dépression de tous mes potes.

Je les envie, car ils connaissent rarement la déprime et répondent donc spectaculairement au premier traitement antidépresseur lorsqu'elle les prend par surprise.

25

LE PSY

J'ai pris rendez-vous avec lui en dehors de son cabinet. Il est très rive gauche, je l'ai donc invité au bar du Royal Monceau pour le sortir de sa zone de confort (tentative de manipulation psychologique ?).

Quand il apparaît avec son look 70's (il a 70 ans et une allure d'intello post-soixante-huitard), je mesure l'ampleur du contraste avec cet environnement de financiers en uniforme bleu marine. Il ne leur ressemble pas, c'est peu de le dire. Et je me rends compte d'une évidence : je suis formaté. Les gens autour de moi sont formatés. Porter des tenues colorées, une veste et un pantalon dépareillés, avec une coiffure qui n'est pas étudiée, c'est peut-être déjà un moyen de lutter contre notre statut de vieux.

Je lui expose l'état de mes réflexions et il ne peut s'empêcher de faire le psy : « Ça me fait plaisir que tu aies envie de te lancer dans un nouveau projet. C'est un bon signe. Un signe de vitalité. "Entreprendre", le mot est formidable ! »

Et il continue sa démonstration, brillante par ailleurs, pendant quelques minutes. Je ne l'interromps pas, même si je ne suis pas le sujet du jour. (Est-ce que je suis si sûr de cela ? Bref, je m'égare…)

« Quelles sont pour toi les préoccupations des plus de 60 ans ? Ils te disent quoi, tes patients ?

— Je ne sais pas si je mettrais la barre à 60 ans. Mais il est vrai que mes patients qui ont entre 60 et 70 ans ont des préoccupations communes.

« Je te les livre comme elles me viennent. Pas forcément par ordre d'importance.

« Le premier sujet, c'est le sentiment d'inquiétante étrangeté. On ne se sent pas vieux, on est en pleine maturité, souvent en pleine possession de ses moyens, mais les gens, et les jeunes en particulier, te voient comme un vieux, alors que tu ne penses pas l'être. Je raconte souvent cette anecdote : dans un bus à Londres, une jeune fille s'est levée pour me laisser sa place. Je l'ai remerciée, mais je l'ai haïe. Elle m'a renvoyé une image de moi-même qui n'était pas celle que j'avais. Nous sommes souvent dans le déni ou dans le refoulement des signes de vieillissement qui existent. On ne peut pas les nier, mais ce ne sont pas ces signes qui nous définissent comme vieux à nos yeux. Je peux te dire que tous les gens de nos générations éprouvent ce sentiment d'inquiétante étrangeté. Un trouble de réalité.

— Passionnant, et juste. Tu vois d'autres préoccupations ?

— Les décès. Le décès de nos parents, d'abord. Tu n'es plus un fils ou une fille, même si tu as dû devenir pendant quelques années le parent de tes parents. Leur décès t'enlève ton statut de fils ou de fille. Et tu te retrouves en première ligne face à la mort ; il n'y a plus personne devant toi. Je crois que c'est très important. On dit souvent que ce qui caractérise les Ashkénazes comme moi [les juifs d'Europe orientale], c'est qu'ils n'ont pas connu leurs grands-parents, morts pendant la Shoah, et que c'est ce qui a développé chez eux cette angoisse de la mort. Ils ont été très tôt projetés en deuxième ligne, juste derrière la première.

« Le décès des proches, aussi. Nous avons des gens qui meurent autour de nous. Et généralement pas dans leur sommeil, comme nous en rêvons tous, mais de maladies qui souvent provoquent une déchéance plus ou moins lente. Ça nous renvoie à notre finitude ; on ne peut plus nier la mort. Et la crainte des maladies est forte, très forte. Surtout de celles qui nous rendent dépendants.

— Et le sexe ? C'est un sujet ?

— Oui. Un sujet important. Pas seulement pour les seniors, d'ailleurs. J'ai de plus en plus de patients jeunes qui ont des problèmes sexuels. Tu as dû voir les études sur l'effondrement des rapports sexuels chez les jeunes. Tu serais surpris par la consommation de Viagra dans ces générations, c'est dingue. Les écrans, le porno, l'injonction de performance.

— Et pour les seniors ?

— Plusieurs cas de figure. L'angoisse de la perte de moyens. La peur de l'affaiblissement physique, et donc de l'échec. La peur de ne pas y arriver, un syndrome de dépression. Le Viagra n'est pas aussi utile qu'on le dit. Il ne joue pas sur la perte de désir. Il y a même un effet paradoxal : le fait d'en prendre, c'est reconnaître qu'on a besoin d'une aide, et ça peut être vécu comme une blessure. Le même type de blocage qu'on voit avec les antidépresseurs pour soigner une dépression. À l'inverse, certains seniors déplacent leur angoisse de perdre leurs moyens sur une élévation du désir sexuel, avec une activité fantasmatique intense qu'on caricature en parlant de “vieux libidineux”. C'est un sujet important, le sexe, et pas simple à gérer.

— Le travail, c'est une préoccupation pour les seniors ?

— Oui. Ils ont l'impression d'être au sommet de leur savoir et de leur expérience, ils veulent transmettre, mais les entreprises les rejettent.

— C'est vrai que la France a l'un des taux d'emploi des seniors les plus bas des économies développées. C'est un problème très français ?

— Oui, même si on constate des rejets similaires dans d'autres pays. Au-delà du travail, c'est la crainte de la perte du lien social. À un certain âge, être actif peut rendre encore plus dynamique et créatif, d'autant que l'on encourt peu de risques vu ce que l'on a déjà construit. De plus, le sentiment d'identité personnelle, troublé par les entames de l'âge et des modifications symboliques (statut, génération, rôle, sexualité, sport), peut s'étayer sur l'identité collective et le sentiment d'appartenance sociétale, groupale, familiale, constitutif du vivant des liens relationnels et de pensée [j'ai relu dix fois cette phrase et je n'ai toujours rien compris…].

— Tu vois d'autres points ?

— Le fait de devenir grand-parent. On peut le vivre comme une blessure, une sanction du vieillissement et du passage des générations. Tout dépend donc du plaisir qu'on en tire. Ce plaisir peut atténuer ou compenser la blessure narcissique. Le moment où l'on devient grand-parent constitue également un tournant dans la relation que nous avons avec nos enfants. Cela confronte à l'activation de conflits latents ou manifestes avec eux, en déclenchant chez les protagonistes une élaboration suffisante des enjeux œdipiens et narcissiques, de relativité bien sûr, notamment autour des relations et des places vis-à-vis des petits-enfants. Ce qui est au travail, c'est aussi la confrontation aux contenus, aux idéaux de transmission, avec la difficulté d'admettre que les enfants puissent les transformer, voire les rejeter, impliquant un travail de deuil compliqué et engendrant une culpabilité vis-à-vis de nos propres parents. [Ces phrases-là, j'ai dû lui demander de les répéter plusieurs fois pour les capter et je ne suis pas sûr de les avoir comprises, je compte sur vous…]

— Je sais que tu n'es pas entrepreneur, mais si tu devais trouver une idée pour répondre aux préoccupations des plus de 60 ans, tu irais dans quelle direction ?

— Sans hésiter, vers tout ce qui entretient du lien, vers ce qui donne un sentiment d'appartenance à un groupe, à une communauté, ce qui permet d'avoir une identité collective tout en gardant ton identité singulière. Rester jeune de corps et d'esprit sans pour autant être dans un mimétisme caricatural avec nos enfants, car ils ne veulent pas qu'on leur ressemble. »

Le lien, la communauté.

Oui. C'est essentiel. Ça bouillonne sec dans ma tête après cet échange. Avant d'en oublier la moitié, il faut absolument que je fasse un récap par mail à mon clan.

26

POINT D'ÉTAPE

Objet : Les pistes éliminées

Hello à tous,

J'ai rencontré Cindy, la patronne du groupe de cliniques d'esthétique (merci Gabriel...), et j'ai interviewé mon psy. Je vous raconterai tout ça en détail quand on se verra. C'était très intéressant.

Voilà ce qui en ressort, selon moi. La piste « esthétique » est quasi éliminée, sauf si je décide de créer un fonds d'investissement spécialisé dans le secteur. Un fonds, c'est une start-up, certes. Mais ce n'est pas tout à fait le projet que j'avais en tête ; je le garde en back-up si je ne trouve pas de meilleure idée.

La piste « bien-être moral/mémoire/psy » est éliminée. Trop vaste, trop large, trop dispersée.

Je vous rappelle qu'on a éliminé aussi la piste « Boumer campus », une maison des 60 + et de la culture. Trop consommatrice de capital et inadaptée à la mobilité des 60 +.

La piste « régime » est éliminée. *Because* médocs anti-obésité.

La piste « agence d'emploi des 60 + », éliminée.

On peut dire que j'avance... dans les éliminations.

Le paysage s'éclaircit... par défaut.

Il reste donc : le lien social, l'immobilier et les placements.

Ce qui est sûr, c'est que le projet doit tourner autour de l'idée de communauté.

Au moins une certitude.

Merci à tous

À bientôt

ÉLUCUBRATION EN 60 +

Obsession

J'imagine que vous connaissez cette impression.

Quand un sujet vous obsède, tout ce que vous lisez ou entendez commence à tourner autour. Depuis que je suis en chasse d'un projet pour les 60 +, j'ai l'impression que les médias ne parlent que d'eux.

C'est encore le cas aujourd'hui.

J'ouvre *The Economist* et je tombe sur un dossier traitant du vieillissement accéléré de la population chinoise, avec une punchline : « Si les 60 + chinois formaient leur propre pays, ce serait le quatrième pays le plus peuplé du monde, derrière les États-Unis. » Vous imaginez si tous les 60 + du monde se regroupaient ? « 60 + de tous pays, unissez-vous ! »

Sentiment de puissance vite tempéré par un article du *Parisien* sur « L'incontinence, un tabou à briser », avec un chiffre frappant : 12 % de la population française serait touchée par les « fuites urinaires ».

J'imagine le quatrième pays le plus peuplé du monde avec une population en couches. Ça calme.

C'est vrai que le sujet m'obsède et que mon prisme grossissant me donne l'impression qu'il intéresse tout le monde, mais il y a tout de même un fond de réalité.

J'ai répertorié une trentaine d'articles ou de posts sur les 60 + pour la seule journée d'aujourd'hui.

Je suis fou, donc, mais pas complètement.

27

BOTTOM-UP ?

Yann
Ça va Sam ? J'ai reçu ton mail. Bon, tu progresses un peu. Tu as déjà éliminé pas mal de pistes.

Moi
Oui. Je ne suis pas sûr qu'on puisse parler de progression. Mais j'essaie d'avancer. De rencontrer du monde sur les thématiques que nous avons évoquées.

Yann
J'ai pensé à une chose.

Moi
Une idée d'entreprise ?

Yann
Non. Plutôt une réflexion sur la démarche.

Pour ceux qui ne le savent pas, Yann a passé sa vie professionnelle dans un grand groupe de conseil anglo-saxon qu'il a dirigé en France, en Europe, puis au niveau monde. Il a arrêté de bosser il y a deux ans après avoir vendu toutes les actions accumulées en près de quarante ans. Une fortune. Mais il n'a pas pu rester inactif, alors il s'est mis à son compte et conseille de grands entrepreneurs. Des patrons du CAC 40, mais aussi des dirigeants à la tête de licornes ou de futures licornes.

Et « démarche » est son « *middle name* », comme disent les Américains.

Moi
Je suis tout ouïe.

Yann
Tu devrais switcher en mode *bottom-up*.

Moi
Tu expliques, pour les gens qui n'ont pas travaillé chez McKinsey ou au BCG ?

Yann
Tu as dû étudier ça à HEC en stratégie. C'est simple. Ton approche actuelle est une approche *top-down*. Tu pars du top, du haut, d'une idée, d'une préoccupation,

d'une tendance, et tu vas descendre après sur un projet précis. Top-down.

Moi

Et bottom-up ? C'est réfléchir en buvant cul sec ? [*Bottoms up !* veut dire « cul sec » en anglais, je suis donc très fier de ma bonne plaisanterie… Yann ne relève pas et continue.]

Yann

Bottom-up, c'est quand on part d'un projet d'entreprise et qu'on vérifie ensuite qu'il surfe sur une tendance forte, sur un marché à fort potentiel. Ça te rappelle quelque chose ? Ça te revient ?

Moi

Oui. Un peu. Un tout petit peu. Mais comment je trouve ces projets d'entreprise ?

Yann

Simple. Encore plus simple, même. Depuis la hausse des taux, les start-up n'arrivent plus à lever de l'argent. Beaucoup sont donc en difficulté. Je te rappelle qu'il y a encore quelques mois, il y avait une véritable injonction sociale : un jeune devait monter une start-up. À laquelle s'ajoutait le phénomène de l'argent magique qui faisait éclore des start-up spécialisées dans tout et surtout n'importe quoi… Aujourd'hui, la fête est finie. C'est une hécatombe. Les plus fortes – très rares – vont survivre, les autres – en masse – vont mettre la clé sous la porte.

Moi
So what ?

Yann
On demande à tous les gens qu'on connaît dans les banques d'affaires et chez les leveurs de fonds de nous envoyer les dossiers de boîtes qui ont du mal à trouver de l'argent. Dans le domaine des 60 +.

Moi
Au sens large du terme. Je ne veux pas qu'ils m'envoient les dossiers de boîtes d'aménagement de douches et de baignoires pour les vieux.

Yann
Oui. Au sens large du terme. On fait ça ?

Moi
Tentons, rien à perdre. Mais je vais quand même continuer à raisonner en mode top-down en parallèle, je suis un homme de tendance…

Yann
Mouais. OK. On se tient au courant dès qu'on reçoit des dossiers intéressants.

28

LE TSUNAMI

Il a suffi que l'on répande la nouvelle que nous étions prêts à investir dans ou à racheter une start-up pour que l'on soit submergés par un tsunami de dossiers de levées d'argent.

On ne doit plus être très nombreux en ce moment à vouloir – et pouvoir – investir dans des jeunes pousses (c'est mignon, « jeunes pousses », moins énervant que « start-up »).

On a eu beau être limpides sur ce que l'on cherche, on reçoit de tout. Vraiment de tout.

C'est fou le nombre de boîtes qui se sont montées depuis quatre ou à cinq ans sans aucun modèle économique, et parfois même sans une seule bonne idée.

Sur les dizaines de dossiers que je reçois, plus de 95 % vont directement au panier.

J'élimine d'entrée de jeu toutes les présentations qui commencent par « nous allons devenir l'Uber de ceci, l'Amazon de cela ou le Airbnb de l'avenir ». Elles deviennent « les poubelles vertes de l'entrepreneuriat » : pas besoin de tri, que des déchets.

Certaines passent ce cap. Mais elles n'ont souvent pas grand-chose à voir avec notre thème.

J'en arrive même à me demander si ce n'est pas tout simplement stupide de vouloir absolument un projet pour les 60 +.

Pourquoi ne pas investir dans cette start-up de formation diplômante en ligne avec tous les codes des réseaux sociaux, ou dans cet éditeur de logiciels de gestion de paie pour les intérimaires, ou encore dans ce petit studio d'animation qui lance son premier programme pour une plateforme ?

Oublier cette obsession des 60 + ?

Et me dire que toutes les boîtes ou presque s'adressent directement ou indirectement aux 60 + ?

Je garde quelques dossiers sous le coude. Comme ça, si je « pivote » et abandonne mon projet 60 +, je rencontrerai les dirigeants de ces jeunes entreprises innovantes.

Il s'agit de rares dossiers sur la thématique senior, souvent orientés vers le 4e, voire le 5e âge, et toujours autour du thème de la dépendance, ou plutôt de l'indépendance.

Et là, l'évidence me saute aux yeux : une des peurs majeures des 60 +, c'est la dépendance. Ils veulent rester chez eux le plus longtemps possible sans avoir besoin d'aide extérieure.

Les ados rêvent d'indépendance (même s'ils restent de plus en plus dépendants de leurs parents), les 60 + aussi. Ils ne veulent surtout pas devenir dépendants de ces enfants qui rêvent de leur indépendance sans la prendre.

Il y a des dizaines de boîtes qui interviennent dans le domaine de l'aménagement des appartements et des maisons pour les seniors +, des soins à domicile, des assurances dépendance, des mutuelles pour le grand âge…

L'indépendance.

Un thème incontournable.

Je me replonge dans les dossiers que j'ai reçus…

Bottom-up et top-down, donc…

29

SILVER ECONOMY

Sarah m'a conseillé de contacter quelques associations spécialisées dans l'aide aux start-up pour les seniors. Des équipes très accueillantes. Bienveillantes.

Et j'ai reçu une nouvelle fournée de dossiers de levées de fonds. Cette fois-ci, pas de doute. Les dossiers sont « ciblés ». Trop, même.

Des start-up de « cadres photo connectés » pour seniors avec des photos de leurs petits-enfants qui défilent, de systèmes d'alerte en cas de chute, d'appareils auditifs innovants, de recrutement de personnel à domicile ou en Ehpad, de petits journaux papier pour donner des nouvelles de la famille, d'exercice physique et d'aide à la motricité, de mise en relation entre seniors et jeunes en mal de grands-parents, de smartphones ou d'ordinateurs avec DES LETTRES TRÈS TRÈS GROSSES POUR QU'UN SENIOR

PUISSE LES LIRE, de soutien aux aidants qui eux-mêmes soutiennent les seniors, des applis de rencontres ciblées, bien sûr, des dizaines de projets dans le secteur de l'entraide ou de la livraison entre voisins, des cuisines de « grand-mère » pour des séminaires d'entreprise…

Des dossiers très clairement destinés au 4e et 5e âge.

Déprimant. Tellement déprimant.

Pas tout à fait mon créneau.

L'orientation de ces start-up me conforte, malheureusement, dans l'idée que personne ne s'adresse vraiment aux 60-80 ans.

Il y a une multitude de projets pour les seniors, mais pas pour les 60 +. On m'a toujours appris que quand il n'y avait pas d'entreprises sur un créneau, cela signifiait le plus souvent qu'il n'y avait pas de créneau…

Et je me reprends à douter.

Et si le créneau 60 + n'existait pas ?

Et si le créneau 60 + n'était que dans ma tête ?

Pas de doute sur le créneau 80 ou 85 + : celui-ci est très encombré.

Mais rien sur le 60 +.

Tout simplement, peut-être, parce que les 60 + vivent comme les 50 +, voire comme les 40 + : même mode de vie, mêmes activités, mêmes habitudes de consommation.

Et pourtant je ne peux pas être le seul à avoir ressenti ce basculement.

La barre des 60 ans a été un tournant pour moi. Nous sommes des millions à avoir passé ce cap, et des milliers à le passer chaque jour.

C'est bien un cap.
J'en suis certain.
Je ne lâche pas.
Je vais trouver.

30

QUI VEUT ÊTRE MON ASSOCIÉ ?

J'ai passé les derniers jours à screener les dossiers que j'ai reçus.

Même si je n'ai pas encore trouvé le bon, j'en ai sélectionné trois sur la thématique senior qui sont en levée de fonds. Et j'ai proposé aux startuppeurs de passer à mon bureau pour me les pitcher, me convaincre d'investir dans leurs sociétés.

J'ai un peu l'impression d'être juré dans « The Voice » ou dans « Qui veut être mon associé ? ».

Team one

La première équipe se présente à mon bureau à 9 heures.

Deux garçons.

Environ 25 ans.

Pas de cravate, pas de costume, pas de veste bien sûr, ces vestiges d'une époque révolue.

Jeans. Hoodies. Baskets.

La panoplie classique du startuppeur.

« Bonjour, bienvenue. Je vous propose un café ?

— Non, merci, de l'eau si vous avez.

— Bien sûr. »

J'apporte deux minibouteilles d'Évian en plastique, mais à l'instant où je les pose sur la table, je me rends compte que j'ai commis un impair. Je lis un soupçon d'effroi mêlé à de la pitié dans leur regard.

« Vous préférez de l'eau du robinet.

— Non, non, ne vous dérangez pas. De toute façon, on n'a pas très soif. On peut projeter notre présentation sur votre écran ? On peut avoir votre code wifi et le mot de passe ? »

Zut. Le mot de passe. Je ne m'attendais pas à ça. Mais tant pis, je le leur donne.

« Rocky.

— Rocky ? Comme le film ?

— Oui. Comme le film. »

Petit silence gêné.

« Voilà, ça marche. Vous préférez qu'on déroule les slides ou qu'on se focalise sur les key points avec les KPIs ? [Le langage de startupper m'horripile.]

— Faites comme vous avez l'habitude de faire.

— Très bien. Nous sommes tous les deux… »

En résumé : ils se sont rencontrés à l'EM Lyon après avoir fait une prépa à Paris. Ils ont tous les deux commencé dans la finance, dans des banques d'affaires. Mais après quelques mois ils ont eu l'impression que leur job n'avait aucun « sens » et qu'ils ne créaient rien d'utile. Et ils ne se voyaient pas se lever pendant cinquante ans pour faire quelque chose qui n'apporte rien. Ils ont donc décidé de lancer un projet ensemble.

L'un d'eux a perdu à ce moment-là son grand-père. Et il s'est aperçu que sa grand-mère était totalement désemparée, que ses parents ne savaient pas vraiment quoi faire pour l'après, démarches administratives, succession. Ils ont donc créé une start-up spécialisée dans l'accompagnement après un décès.

(J'ai sélectionné ce dossier parce que même si la personne qui décède est plus probablement dans les 85 +, le véritable client est son enfant, donc ma génération.)

« On organise tout. Les funérailles, bien sûr, mais aussi les tracas administratifs, les relations avec les banques, et tous les services qu'il faut souvent interrompre jusqu'à la succession, qui peut être très complexe, avec les familles recomposées notamment.

— Votre business model ?

— On a deux catégories de clients. Ceux qui veulent tout prévoir avant, y compris un testament. Dans ce cas, nous facturons un abonnement et à l'acte s'il y a des demandes particulières. Et les enfants des personnes décédées après le décès, quand elles sont un peu en panique. Là, nous facturons une somme en fonction du forfait choisi. »

Tout cela tient bien la route.

Ils ont l'air d'avoir la tête sur les épaules.

Avec le vieillissement de la population et l'explosion du nombre de décès, le marché est « porteur ».

Pas très fun.

Pas très glamour.

Mais je ne suis pas là pour ça.

« Vous êtes rentables ?

— Non. Pas encore. Nous dépensons beaucoup d'argent pour acquérir des clients. Même si nous arrivons, grâce à nos outils digitaux, à réduire significativement notre CAC [coût d'acquisition client].

— Vous visez la rentabilité quand ?

— 2027.

— Et vous avez donc besoin de lever de l'argent.

— Oui. Nous cherchons 2 millions d'euros. Cela nous permettra de tenir jusqu'à ce que nous devenions *breakeven* [rentables].

— Rappelez-moi votre chiffre d'affaires.

— On va faire 120 000 euros en 2025.

— Par mois ?

— Non, pour l'année. C'est faible, mais c'est le double de 2024.

— Et vous levez sur quelle valorisation ?

— 20 millions d'euros. »

J'ai failli tomber de ma chaise.

J'ai même failli mourir, et j'ai regretté le temps d'un éclair de ne pas avoir fait mon testament…

(Note pour ceux qui ne sont pas familiers des règles de la finance : c'est un peu comme si un gars qui ne connaissait rien aux voitures vous proposait de vous vendre un véhicule qui n'a même pas été conçu et qui a peu de chances d'être livré un jour pour le prix d'une centaine de Bentley ou de Ferrari.)

« 20 millions d'euros ????!!!

— Oui. Nous ne souhaitons pas nous diluer de plus de 10 %. Et nous visons un chiffre d'affaires de 50 millions d'euros en 2030 avec un bénéfice de 5 millions d'euros, donc ça ne fait qu'une valorisation à quatre fois les bénéfices de 2030.

— Vous allez faire 120 000 euros de chiffre d'affaires et perdre près d'un million d'euros ! On ne peut pas se valoriser à cent cinquante fois le chiffre d'affaires et vingt fois les pertes !

— Ce sont les ratios classiques dans notre secteur aux US.

— Sauf qu'on est à Paris. Bon. Désolé les gars, je dois être très vieux jeu, mais je ne sais pas faire à ces prix-là. Ça me rappelle un peu trop la bulle Internet. Cela dit, j'espère vraiment que vous allez réussir à lever. Je trouve votre projet très intéressant. Si vous revenez à une valo beaucoup plus basse, n'hésitez pas à me recontacter. »

Je ne les sens ni déçus ni déstabilisés.

Ils pensent probablement que je n'ai rien compris et que je fais partie de ces vieux cons qui trouvaient que Google ou Amazon valaient trop cher il y a dix ans.

Je les raccompagne, convaincu qu'ils ont un métro de retard : on n'est plus au temps des taux d'intérêt négatifs et de l'argent magique.

Ils vont droit dans le mur. Tant pis pour eux.

Je ne suis pas au bout de mes surprises. Après un petit tour du pâté de maisons pour m'aérer un peu et reprendre mes esprits, place à la deuxième équipe.

Team two

Un dossier que j'ai sélectionné pour deux raisons. D'abord, c'est une appli de rencontres. Certes, il en existe des dizaines, mais celle-ci met en avant les plus de 60 ans. Et puis cette start-up a été créée par deux jeunes femmes. Je cherche peut-être à me prouver et à prouver que je suis un mâle blanc de plus de 60 ans « ouvert », ce qui me permettra d'éviter l'exil ou la rééducation forcée quand un gouvernement woke prendra le pouvoir.

Je m'attendais à ce qu'une dcs deux au moins ait les cheveux bleus. Mais non, elles ont un look très Ralph Lauren, tendance « île de Ré ». Moi et mes préjugés…

« Merci de nous recevoir. Nous vous avons préparé une présentation rapide et nous répondrons à vos questions ensuite, si vous en avez. Je m'appelle Julie, j'ai rencontré Nora sur une appli il y a deux ans, et elle est devenue ma compagne. »

Elle scrute une réaction sur mon visage, mais je ne bouge pas un cil. Pas de quoi me déstabiliser, bien sûr.

« Nous avons remarqué que les applis de rencontres étaient faites par des hommes pour des hommes avec un prisme d'hommes, même si ce sont les femmes qui font leur succès. Quand je dis hommes, je devrais dire machistes. La frontière entre ces sites classiques de rencontres et les sites pornos est presque imperceptible tant la femme y est une marchandise. »

Toujours pas un mouvement sur mon visage. J'évite même de respirer, sans m'étouffer.

« Nous avons donc décidé de créer un site non genré.

— Non genré ?

— Oui. Vous êtes familier du terme ? »

Je balbutie : « Oui, bien sûr », sans convaincre réellement.

« Non genré, mais aussi non binaire. On évite les membres cisgenres pour lutter contre la dysphorie de genre, qui est malheureusement trop répandue.

— Malheureusement, oui.

— Comme le dit une égérie du wokisme : “L'intersectionnalité permet de décrire le fait que toutes les femmes ne vivent pas dans les mêmes conditions. Et certaines femmes se retrouvent à l'intersection de plusieurs types d'exclusion.”

— Mais vous avez une dimension senior ?

— Oui. Nous nous adressons à tous·tes cielles [??] qui ont vécu pendant trop longtemps en tant qu'esclaves sexuel·les de prédateurs.

— Des prostituées ?

— Non. Tous ceux/celles qui ont été martyrisés par des mâles blancs. »

Je suis en perdition. Noyé sous une avalanche de termes que, je l'avoue, je maîtrise mal. J'essaie de me raccrocher à ce que je connais :

« Vous cherchez à lever combien sur quelle valorisation ?

— La valorisation n'est pas importante. Chacun peut mettre ce qu'il souhaite jusqu'à 1 ether et à la valorisation qu'il veut. La seule contrainte, c'est que pour 1 ether investi, il faut donner 1 ether à un groupe d'associations que nous avons sélectionnées. »

Celle-là, on ne me l'avait jamais faite.

On choisit sa valo, un rêve de suppôt du capitalisme comme moi, mais on paie en crypto et on fait un don en même temps.

Je me demande comment m'en sortir. Je suis très perturbé et ça commence à se voir.

« Franchement, bravo. C'est un super projet. Peut-être un des meilleurs que l'on m'ait présentés. Vous me laissez quelques jours ?

— Aucun problème. Content que ça vous plaise.

— Contente ?

— Non. Content. »

D'accord. J'ai encore dû louper un truc.

Une ou un seul·e a parlé, l'autre (à ce stade, je préfère ne pas me mouiller plus) n'a pas dit un mot et s'est contenté·e de me fixer pendant tout l'entretien. Pas un sourire. Pas une expression.

Je les raccompagne.

Et je m'écroule dans mon fauteuil.

Je suis VRAIMENT devenu trop vieux…

J'ai besoin d'un bon break.

Un déjeuner.

Dans une brasserie.

Avec une terrine, un filet saignant, voire bleu, et des frites huileuses. Et un patron réac.

Histoire de me remettre de mes émotions.

Mais j'ai encore un rendez-vous, et, si on reste sur le même mode, je n'aurai plus qu'à aller directement me coucher.

Team three

15 heures.

Je suis prêt à tout entendre.

Un jeune homme est là. Seul. 35 ans environ. Ex-financier… Ah, enfin, me voilà en territoire connu ! Je reste sur mes gardes quand même, sait-on jamais.

Son pitch est percutant.

« Nous sommes confrontés à un sujet majeur : les seniors ont du patrimoine, principalement immobilier, mais ils ont moins de revenus une fois à la retraite. Avec une retraite qui va être de plus en plus rognée. Ce patrimoine est, pour 60 % des plus de 60 ans, leur résidence principale. Une résidence ne génère pas de revenus : au contraire, elle coûte de l'argent. »

Avant qu'il n'enchaîne, je l'interromps pour le challenger :

« Vous voulez relancer le viager ? Vous seriez la vingtième personne à venir me proposer ça. Depuis le film *Le Viager* – vous l'avez vu ? –, plus personne ne veut vendre son appartement à quelqu'un qui va parier sur sa mort…

— Oui, vous avez raison. Le viager dans sa forme classique n'a pas décollé et ne décollera jamais. Je n'y crois pas. Ce n'est pas dans la culture française. D'ailleurs, il ne représente qu'une partie minuscule des transactions immobilières. Je propose un système différent : permettre aux personnes qui sont propriétaires de leur résidence principale, sur laquelle ils n'ont, la plupart du temps, plus de crédits, d'emprunter jusqu'à 65 % de la valeur de leur bien.

— Et ils remboursent comment ?

— Ils remboursent soit le jour où ils vendent leur bien, s'ils le vendent, soit le jour où ils décèdent.

— Et pendant ce temps, ils restent propriétaires de leur appartement ?

— Oui. Ils peuvent vivre dedans, bien sûr, c'est à eux. Ils peuvent aussi le louer.

— Et au décès de la personne ou du dernier survivant d'un couple, l'appartement est vendu et le prêt est remboursé ? Les héritiers font la gueule, non ? Ils espèrent toucher le produit de la vente, et il ne leur reste plus rien…

— Il leur reste toujours le solde des 35 % de la valeur de l'appartement. Et aujourd'hui les "héritiers", comme vous dites, sont déjà contents de ne pas avoir à financer la dépendance de leurs parents. Ce crédit rend leurs parents indépendants financièrement jusqu'à leur décès.

— C'est très encadré réglementairement.

— Oui, pour éviter les abus, notamment de faiblesse. Mais on peut gérer facilement les contraintes réglementaires.

— Et vous gagnez votre argent sur quoi ?

— Nous prenons une commission sur le montage du crédit. Environ 2 à 3 % de la somme empruntée. Il va y avoir de plus en plus de propriétaires de leur résidence principale qui veulent rester à domicile le plus longtemps possible, mais qui ont besoin de revenus pour vivre, surtout en avançant en âge, avec le coût de la dépendance et notamment des aménagements nécessaires. »

Tout se tient.

Je le bombarde de questions.

Il a réponse à tout. Sans arrogance, avec professionnalisme.

« Et comment vous vous constituez une base de prospects ? Quelle est votre politique d'acquisition clients ?

— Simple. Pas de coût d'acquisition. J'envisage de créer une newsletter, un média pour animer une communauté de plus de 60 ou 65 ans… »

J'ai bien fait de rester sur mes gardes. Voilà qu'il m'expose ce à quoi j'avais déjà pensé. Soit il a mis un mouchard dans mon portable, soit cette idée n'est finalement pas si originale.

« Intéressant comme idée d'acquisition clients, la newsletter.

— Oui. On a déjà le format et les contenus qu'on intégrera. On se servira de l'intelligence artificielle pour déterminer les sujets d'intérêt pour les plus de 60 ans. »

C'est sûr, je suis espionné… Ou quelqu'un m'a balancé.

« Et vous cherchez à lever combien ?

— 2 millions d'euros pour 40 % du capital.

— Mais vous n'avez pas de chiffre d'affaires…

— Non. Mais le projet est prêt. Et une valorisation à 5 millions d'euros pour 100 % du capital me paraît raisonnable…

— Laissez-moi votre présentation, je vais regarder rapidement et je vous rappelle. »

Là, je suis vraiment dans ce que je cherchais : un peu de finance, un peu d'immobilier, du média, du lien communautaire, un vrai service pour les 60 + et une valorisation raisonnable.

La journée se termine mieux qu'elle n'a commencé.

J'appellerai ma team dans les jours qui viennent pour leur faire part de mes avancées. Car ça avance !

ÉLUCUBRATION EN 60 +

Quel âge a-t-il ?

J'ai besoin de me remonter le moral. J'appelle Gabriel. Il me faut une injection d'optimisme béat, car je tourne en boucle, encore et toujours, sur le sujet de l'âge.

« Dis-moi, Gabriel, selon toi, à partir de quel âge on prend vraiment un coup de vieux ?

— Ça dépend, bien sûr. Il y a des... »

Je l'interromps avant qu'il ne me sorte la rengaine habituelle sur « l'âge, c'est dans la tête » ou « je connais des mecs de 85 ans qui font plus jeunes que nous ».

« Oui, je sais tout ça. Mais quand même. Il y a un âge à partir duquel on fait plus vieux, même si on fait plus jeune que son âge – bref, tu m'as compris... Donne-moi un chiffre. J'ai l'impression que ça tourne autour de 70 ans.

— Plus que 70 ans. Je dirais 75-76.

— J'aurais plutôt dit 72.

— Non. Regarde BHL, il a 76 ans, il tient bien le choc. »

La mention de BHL fait tilt. Je raccroche brusquement et passe plusieurs heures sur mon smartphone à regarder des photos d'acteurs, d'écrivains ou de personnalités pour tenter de détecter l'âge du deuxième grand basculement, physique celui-ci.

Je commence par ceux qui remontent le moral : Maurice Lévy : 83 ans ; Harrison Ford : 82 ans ; Mick Jagger : 81 ans, *no comment*. Bon, oublions les plus de 80 ans. J'attaque les plus de 70 pour trouver le *tipping point*, entre 72 et 76 ans.

Les noms et les photos défilent. Je vous épargne la liste. Elle est longue, très longue. Gabriel a raison : pas facile de cibler un âge précis pour le deuxième basculement.

Jean-Louis Aubert, Bernard Arnault, Liam Neeson, Thierry Lhermitte.

Aucune tendance réelle n'émerge.

Mais comme j'aime les chiffres, et encore plus ceux choisis arbitrairement, j'ai opté pour 75 ans.

Ça me laisse quinze ans avant de prendre un « deuxième coup de vieux »... Si je ne meurs pas avant.

Quinze ans, c'est long. Et c'est très court (bonjour les banalités...).

Quinze ans, quinze étés. Si vous raisonnez en étés, c'est court, très court.

31

ALORS ?

C'est la question que me pose ma team après ma première saison de « Qui veut être mon associé ? ».

On a abandonné la visio pour se rabattre sur un call tout simple. Je ne supporte plus le temps de démarrage des visios. Je commence à faire un blocage pathologique sur la personne – il y en a toujours une – qui parle sans brancher son micro. La phrase : « On ne t'entend pas, tu es en "mute" » me rend définitivement dingue. Je me réveille la nuit en criant : « T'es en mute ! »

« Alors, qu'est-ce que ça a donné, ce premier tour de pitchs ? »

Je leur raconte.

Ils rient beaucoup en imaginant ma tête à l'annonce de la valorisation des premiers candidats et leur expression de pitié quand je leur ai apporté des bouteilles d'eau en plastique.

« Tu vas foncer sur le projet de crédit immobilier pour les 60 + ?

— J'hésite. Je rêvais d'un projet très éloigné de mon champ de compétences.

— Mais tu nous as répété mille fois que tout ce que tu avais fait en dehors de la finance avait foiré et qu'il fallait "*build on your strength*".

— Oui, oui, je sais. Mais je n'en suis pas à une incohérence près. Je vais encore étudier quelques dossiers avant de me décider. Une surprise est toujours possible. »

Je me replonge dans les « decks » de présentation que j'ai reçus et que je continue à recevoir. Des dizaines. Le nombre ne cesse de grossir. À croire que je suis devenu la dernière personne en France qui continue à investir dans des jeunes pousses, en particulier celles du secteur 60 +.

Je cherche la pépite, le dossier qui va me sauter à la figure et sur lequel je me ruerai sans me poser de questions.

Le coup de foudre, donc.

Or, de coup de foudre, je n'en ai pas eu.

Pas même un coup de cœur.

Des bonnes idées, oui, mais ça ne suffit pas pour faire une bonne entreprise. Des jeunes pousses qui ne pousseront jamais, en somme.

32

BUSINESS ET POLITIQUE

Je réfléchis. Encore et encore. Inlassablement. Étonnant pour un 60 + qui se vit comme un « homme d'action » et critique les nouvelles générations qui réfléchissent trop au lieu d'agir.

Tout est matière à réflexion. Absolument tout.

Les articles que je parcours, les livres que je lis, les films que je vois.

L'économie, la finance, la politique, la géopolitique.

Et mon sujet du jour, c'est le choix des principaux partis politiques de présenter des jeunes candidats aux élections européennes de juin 2024.

Marie Toussaint, EELV, 36 ans.

Jordan Bardella, RN, 28 ans.

Léon Deffontaines, PC, 28 ans.

Valérie Hayer, Renaissance, 38 ans.

François-Xavier Bellamy, LR, 38 ans.

Manon Aubry, LFI, 34 ans.

Marion Maréchal, Reconquête !, 34 ans.

Raphaël Glucksmann fait figure de senior avec ses 44 ans.

Ma première réaction, vous pouvez l'imaginer, c'est l'exaspération. Je ronchonne contre ce « jeunisme » et le « dégagisme » des seniors.

Mais je réfléchis (encore). Et un parallèle avec le business me frappe.

De plus en plus de gens de ma génération qui ont gagné de l'argent, un peu ou beaucoup, ne se lancent pas eux-mêmes dans des aventures entrepreneuriales, surtout si elles sont un peu hasardeuses. Ils misent sur de jeunes « chevaux » ; ils deviennent des « business angels ». Pas par flemme, mais par calcul.

Entre se taper soi-même les emmerdements quotidiens de la gestion d'une boîte – notamment ceux qui concernent le personnel – et investir de l'argent en laissant un jeune courir à sa place, le choix est évident.

Pour les « politiques » 60 +, c'est pareil. Ils laissent leurs jeunes candidats aller au combat. Si ces derniers sont dans le peloton de tête, eux trouveront un moyen de récupérer la mise. S'ils se plantent, ils n'auront pas perdu grand-chose.

C'est peut-être ce que je devrais faire aussi. Miser sur une jeune équipe. La laisser se « présenter » sur le marché. Sans trop me mouiller. En tirer profit si ça marche et perdre l'investissement si ça foire.

Voilà peut-être la sagesse… de l'âge.

ÉLUCUBRATION EN 60 +

Voyage à Tokyo

Je sais. Vous allez dire que je le fais exprès. Que je ne pense qu'à ça. Qu'aux 60 +. Mais non.

Je suis dans une phase cinéma japonais... quand je ne suis pas focalisé sur mon obsession. Je me fais mon propre cycle Yasujiro Ozu. Et *Voyage à Tokyo* est une de ses œuvres majeures. Elle date de 1962, et pourtant la résonance avec les sujets de préoccupation actuels des 60 + me frappe.

Je me suis même demandé à un moment si je n'entendais pas des dialogues qui n'étaient pas dans le film, mais uniquement dans ma tête, dérangée par mes fixettes.

L'histoire : des parents, retraités, entreprennent de sortir de leur province pour aller voir tous leurs enfants, qui vivent à Tokyo et qu'ils n'ont pas vus depuis près de dix ans. Ils se font une fête de ces retrouvailles, mais déchantent rapidement. Les enfants sont débordés, la présence des parents les gêne, quand ils n'ont pas honte d'eux ou ne se plaignent pas du coût de leur séjour...

Des scènes émouvantes, surtout pour un 60 + parent d'enfants qui ne sont plus des enfants.

Et un dialogue sur les fils et les filles, autour de plusieurs bouteilles de saké, entre le père et un vieux pote qu'il a retrouvé.

Et des reproches qui ressemblent à s'y méprendre à ceux que j'entends en permanence autour de moi : « Les enfants sont ingrats, on a toujours l'impression de les déranger, ils sont égoïstes... » Plus surprenant pour le Japon de 1962 : « Ils sont moins ambitieux que nous, ils ne travaillent pas assez, c'est une génération qui réussira moins bien. » Plus surprenant, car nous avons l'impression que les parents de l'époque, c'est-à-dire nos parents, ne pensaient pas ce que beaucoup d'entre nous pensent aujourd'hui de leurs enfants.

Dans *Voyage à Tokyo*, on est loin de la Gen Z ou des millennials, mais les parents 60 + ont déjà les mêmes réflexions.

Il n'y aurait donc rien de nouveau aujourd'hui.

Les jeunes ne seraient pas plus critiquables que nous l'étions.

Et rien n'aurait changé : quand on passe 60 ans, de tout temps, on radote en se plaignant de ses enfants...

Troublant.

J'avais la conviction que la génération de nos parents était différente.

Et je l'ai toujours. J'ai décidé que ce film ne me ferait pas changer d'opinion.

Il n'y a que les imbéciles qui ne changent pas d'avis et je suis un imbécile. J'assume.

33

LE CHOIX, C'EST MAINTENANT

Je dois avancer.

Mes tergiversations doivent vous fatiguer, mais elles m'épuisent encore plus.

Les jours passent, rapidement ; les nuits aussi, lentement.

Je ne peux plus tenter de résoudre des équations qui n'ont que des inconnues ; je dois figer des paramètres.

Le premier est simple à définir. Est-ce que je veux être un entrepreneur *hands-on* (la version chic de « les mains dans le cambouis ») ou un investisseur/senior advisor ? D'un côté, c'est du temps complet, une prise de tête au quotidien, des hauts et beaucoup de bas, mais le jackpot si le tirage ou le grattage est favorable. De l'autre, c'est du temps partiel, un risque financier moins important, donc un potentiel moins spectaculaire, et une implication émotionnelle moins forte.

Sur le papier, le choix est évident. Dans les faits, il ne l'est pas.

Je veux à tout prix m'occuper, à l'ancienne, du matin jusqu'au soir, donc la contrainte du temps complet n'en est pas une.

J'ai besoin de l'adrénaline et du stress qui en découlent. Si je suis seulement investisseur/business angel, je ne serai qu'un voyeur, un spectateur qui regarde une course hippique en espérant que son cheval va gagner ; conseiller l'entraîneur ne fait pas de moi un entraîneur ni un jockey…

Vous comprenez le dilemme ?

Évidemment, vous le comprenez.

ÉLUCUBRATION EN 60 +

Le compte à rebours

J'ai ce cadran dans la tête quand je me réveille le matin.

Flou certains matins, envahissant le plus souvent.

Je vois les minutes, les heures, les journées défiler dessus, avec un petit bruit sec à chaque changement.

Le cadran du temps qu'il reste.

Car, à partir de 60 ans, on ne raisonne plus qu'en compte à rebours.

Un compte à rebours dont on ne connaît certes pas la durée exacte, mais un compte à rebours tout de même.

Tic-tac.

Un jour de moins.

Un jour de moins quand on a un stock de jours illimité, ce n'est rien.

Mais un jour de moins quand le nombre de jours vous est compté, c'est une torture.

Une torture inutile que je m'inflige.

Inutile, car je ne peux rien y faire.

Les journées passent, les semaines passent, les années passent.

Et mon stock se réduit à vue d'œil.

Même si je vis « longtemps ».

Ce compte à rebours entêtant vers une fin, ou plutôt des fins, que l'on connaît déjà.

Et elles sont toutes tristes. Plus ou moins tristes, mais tristes quand même.

Une détérioration lente au début qui va s'accélérer au fil des ans ; et ça, c'est si on a la chance de ne pas être emporté avant par une maladie.

C'est ce qui m'obsède.

Je sais. Cela ne sert à rien d'y penser. Je n'ai aucun pouvoir, ou seulement à la marge, sur la fin de l'histoire. Alors pourquoi m'inquiéter ? J'ai beau le savoir, je ne peux pas m'en empêcher. Ce compte à rebours défile sous mes yeux. Je me couche avec lui et me réveille avec lui. Mais, entre-temps, une nouvelle journée a passé.

Une journée en moins.

Et mon stock de jours baisse.

Inexorablement.

Il faut vraiment que je trouve une idée.

34

CONNAISSEZ-VOUS LA LEM ?

On se pose souvent la question de ce que l'on aimerait faire si l'on pouvait ou voulait changer sa vie.

Dans sa version la plus extrême, cela donne : « Que ferais-tu s'il ne te restait plus qu'un an à vivre ? »

À 60 +, on n'en est pas à ce point d'urgence, mais tout de même, le temps presse.

Il faut réorienter sa vie pour faire vraiment ce que l'on a envie de faire (ne vous inquiétez pas, je ne suis pas sur le point de me transformer en coach de vie pour futurs retraités, il y a suffisamment de littérature sur le sujet). Il me semble pourtant qu'on ne se pose pas assez la vraie question intéressante : s'il me reste quelques années à vivre en pleine possession de mes moyens physiques et mentaux, qu'est-ce que je veux ÉLIMINER ? Qu'est-ce qui – excusez le mot, mais je n'en trouve pas d'autre – m'emmerde ?

Dès que j'ai franchi le cap des 60 ans, j'ai eu un flash de lucidité que j'ai formalisé en loi : la Loi de l'emmerdement minimum (LEM).

En résumé – brutal, certes –, après 60 ans, on n'a plus de temps à perdre avec des choses (mais aussi des gens) qui vous emmerdent.

Je vous conseille de faire comme moi. Je tiens un petit journal et, chaque jour, je note qui (ou ce qui) m'a emmerdé. Attention à ne pas confondre être emmerdé par quelque chose et s'ennuyer.

On a le droit à l'ennui. Enfin, pas trop quand même, car notre stock de temps est limité.

Je parle de tous ces petits (ou gros) riens qui nous gâchent la vie, au compte-gouttes, comme un poison à faible dose qui finit par être létal.

Ce n'est déjà pas acceptable quel que soit l'âge. À 60 +, c'est tout simplement inenvisageable.

D'ici à deux ou trois mois, je ferai la liste de ces nuisances.

J'en ai fini avec la partie « Guide de développement personnel » et « Comment s'aimer soi-même ». Vous avez vu, c'était court, je vous l'avais promis.

Pourtant, en vous bassinant avec mon projet, je fais le contraire de ce que je vous conseille : si je respectais la LEM, je ne me lancerais pas dans la création d'une entreprise, car c'est un énorme nid à emmerdes.

Conclusion : je suis totalement incohérent. Tant pis ; avec l'âge, on apprend à vivre avec ses contradictions.

35

LE JOUR SE LÈVE

Je ne sais pas ce qui m'arrive.

J'ai ouvert les yeux ce matin et, surprise, il faisait totalement jour ! Dans ma tête, en tout cas.

Cela fait des semaines que je suis dans le brouillard, que je rumine, que j'hésite, que je procrastine.

Mais là, plus un nuage à l'horizon.

Je referme les yeux et les rouvre pour être certain d'être bien réveillé.

Et je ne vois que de la lumière.

Le Rubik's Cube que je tournais et retournais dans mon crâne sans jamais obtenir une seule face de la même couleur est totalement résolu.

Je vois clairement ce que je vais faire. Mieux, je vois même comment le faire.

Mon projet de création d'entreprise est limpide, et il colle parfaitement à ma cible de 60 +.

Ce sera le projet de prêt pour les 60 + qui ont un bien immobilier et veulent du capital pour améliorer leur niveau de vie.

C'est l'évidence.

Il y a une dimension financière (c'est mon métier), une dimension immobilière (c'est l'obsession des Français, et en particulier des 60 +), une dimension « in-dépendance » – (le vœu des 60 + est de pouvoir vivre le plus longtemps possible chez eux et d'éviter l'Ehpad), une dimension « bien-être » (leur challenge est d'améliorer leur niveau de vie et de « profiter de la vie », ou de ce qu'il en reste) et enfin une dimension psychologique (rester propriétaire sans sacrifier son revenu, telle est la martingale que tous les 60 + recherchent).

Je vais avertir ma team que ma décision est prise. Je ne les laisserai même pas donner leur avis, je ne veux plus rien entendre.

Ce matin, je n'ai plus 60 ans, mais 50.

Et même 40.

40 ans avec l'expérience de 60 ans. Le top.

36

MY WAY OU *NO WAY*

J'appelle Thomas, le garçon qui est venu me présenter son projet de prêt immobilier pour seniors.

C'est lui qui a fait jaillir l'étincelle, qui a fait souffler le vent capable de dissiper les nuages.

Il m'a plu, c'est un bon. J'ai envie de travailler avec lui. Mais à mes conditions : *my way* ou *no way*.

« Hello Thomas, ton projet m'intéresse. Tu en es où ?

— J'ai le concept. J'attends de lever les fonds pour démarrer.

— Tu proposais que j'investisse 2 millions d'euros pour 40 % du capital, mais tu n'as pour l'instant qu'une idée sur le papier.

— Oui. Mais cette idée vaut 5 millions d'euros.

— Alors écoute. On ne va pas faire comme ça. On va lancer la boîte ensemble. Je m'occupe du montage, du financement, de l'acquisition de clients, de la création de la newsletter et de la communauté. Tu t'occupes de toute la partie techno. On n'a pas besoin de 2 millions d'euros de capital pour démarrer ; c'est beaucoup trop, et il faut qu'on soit rentables tout de suite. Je vais mettre 300 000 euros de capital à titre perso et on va lever de l'argent auprès de business angels que je connais, 500 000 euros max. Et on va chercher un financement de 200 000 euros à la Banque publique d'investissement. Avec 1 million, on aura largement de quoi arriver au point de rentabilité. Largement. Je te propose qu'on soit à 50/50 sur le capital hors business angels.

— Mais c'est mon idée !

— Une idée ne vaut rien si on n'a pas les moyens de l'exécuter. Je t'accorde déjà autant de capital que moi, alors que tu n'apportes pas d'argent et que tu ne t'occuperas que de la partie tech. Crois-moi, il y a des milliers d'entrepreneurs qui aimeraient avoir ce type de deal. Je te donne deux jours pour réfléchir. C'est non négociable. À prendre ou à laisser. *My way* ou *no way*. Rappelle-moi. »

Je raccroche sans lui laisser le temps de réagir.

Marre de cette génération qui veut le beurre, l'argent du beurre et le sourire de la crémière (une vraie expression de boomer…).

Je reprends le pouvoir, j'ai une pêche d'enfer, l'impression de carburer au Guronsan, comme lors de mes veilles de concours.

37

CRÉATION D'ENTREPRISE

Il n'a pas attendu quarante-huit heures et m'a rappelé le lendemain pour m'annoncer qu'il acceptait, avec enthousiasme.

Tout le monde a dû lui dire que c'était la chance de sa vie. Il a gagné cinq ans dans son projet, et moi il m'a rajeuni de vingt ans. Un win-win.

Je veux profiter de ma phase up pour avancer. Et avancer vite.

Étape 1 : le juridique

Je contacte un de mes potes avocats pour qu'il me monte la société. Une SAS. Petit capital.

L'avocat me dit : « Je te fais ça en quarante-huit heures. C'est devenu très simple de créer et d'immatriculer une société. Tu pourrais même le faire seul en ligne. »

Mais la LEM me pousse à déléguer ce type de tâches.

« Non, je préfère que tu t'en occupes. Tu me fais un pacte d'associés simple, j'ai un associé. À 50/50. Tu me mets deux ou trois clauses classiques pour les cas de conflit, et les clauses de sortie conjointe si l'un de nous décide de vendre.

— OK. Version basique, donc. Décris-moi l'activité pour l'objet social. Et donne-moi le nom. Je dois aussi inscrire ta marque à l'INPI. »

Ah zut. Le nom.

Je n'y avais pas pensé. C'est pourtant essentiel.

Thomas avait trouvé un nom bidon, un de ces noms avec plusieurs O au milieu, dans l'esprit Google, mais c'est déjà trop *has been*.

Étape 2 : le nom

L'avantage d'être un 60 + et d'avoir toujours été dans les « affaires », c'est qu'on connaît quelqu'un pour tout.

Je vais donc utiliser l'option « appel à un ami ».

Éric. Un ex-ponte de la communication qui est devenu business angel et assiste les patrons des boîtes dans lesquelles il a investi sur les sujets de com' et de marketing.

Je lui explique l'activité.

Il écoute. Attentivement. Je l'entends prendre des notes sur sa tablette. Je sais qu'il est déjà en train de faire défiler des noms dans son esprit.

« Important : c'est quoi, l'image que tu veux donner de la boîte ?

— Je veux rassurer. On parle d'argent, on parle de résidence principale, on parle de ce qui est, en dehors des enfants (et encore, je n'en suis pas certain…), le plus important pour les seniors, avec la santé. Mais je ne veux pas que ce soit ringard ou *old school*, ni trop “djeun”.

— Je vois. Laisse-moi réfléchir et je reviens vers toi. »

Étape 3 : le deck

Thomas nc comprend pas pourquoi on a besoin d'aller chercher les 500 000 euros auprès d'investisseurs. Il n'ose pas le formuler, mais il se dit que je pourrais très bien mettre moi-même les 800 000 euros sans qu'on ait à aller « vendre » notre projet, car la levée de fonds est toujours un exercice lourd, lent et pénible, quel que soit le montant en jeu.

Je lui explique mon point de vue :

« Même quand on est convaincu par son projet, faire une présentation d'investisseurs, un “deck” en langage de banque d'affaires, permet de mettre toutes les idées à plat. Cela permet aussi d'établir un business plan avec des projections de chiffre d'affaires, de dépenses et de bénéfices, même si tous les vieux briscards comme moi savent que les business plans sont faux par essence et que cela ne se passe jamais comme prévu. Cela se passe parfois mieux, mais très souvent moins bien.

« L'autre avantage de la levée, c'est qu'on doit pitcher, et quand on pitche avec des investisseurs avisés, il y a toujours des réflexions, des remarques, des critiques qui permettent d'améliorer le projet ou d'éviter certaines erreurs qu'on ne voit pas quand on a le nez dans le guidon et qu'on est persuadé que son idée est la meilleure.

« La confiance, c'est bien. Mais l'excès de confiance et le refus de la critique peuvent être mortels pour une création d'entreprise. »

Je vais évidemment commencer par ma team. Je ne leur ai pas laissé une chance de me décourager quand j'ai décidé de me lancer. Maintenant, je suis prêt à les écouter.

J'ai également quelques relations qui cherchent à investir dans de nouveaux projets. Je vais les solliciter.

Thomas et moi faisons plusieurs séances de brainstorming sur la base de son deck initial. Mais sa présentation était trop « légère », trop « naïve », trop « startuppeur qui vit encore chez ses parents ».

Il comprend vite. Très vite.

Il me stimule. Je rédige le deck en quelques jours.

Il le relit, le commente, le complète.

Quelques allers-retours par mail, et la présentation est bouclée.

Elle claque bien. Elle n'est pas trop longue – je déteste les présentations pour levée de fonds qui font cinquante pages, voire plus.

Un de mes mentors disait qu'on doit pouvoir convaincre un investisseur en une seule phrase.

Alors, ce n'est pas une seule phrase, mais c'est moins de vingt pages : le constat, le marché, le concept, le business model et le business plan.

Tout tient la route.

Je continue à foncer.

Étape 4 : la levée

Je présente Thomas à ma team. Réunion à mon bureau.

On se donne une demi-heure pour présenter le projet. On fait défiler les slides. Et une demi-heure pour les questions. Elles fusent.

Je réponds, Thomas aussi, avec pertinence. Il m'épate. Mon impression initiale est confortée : je ne me suis pas trompé.

Gabriel est, comme à son habitude, très enthousiaste :

« Pourquoi tu veux aller voir d'autres investisseurs ? À nous quatre, on peut investir les 500 000 euros.

— Pas question. Vous avez un biais, vous êtes mes amis. Et si ça plante, car ça peut planter, je ne veux pas de nuages dans notre relation. »

Yann embraie : « Mon cher Sam, nous sommes des grandes personnes responsables. Nous avons tous fait des investissements. C'est notre décision. Et quand ça plante, on ne peut s'en prendre qu'à soi-même.

— Merci beaucoup, mais je préfère limiter l'investissement de chacun à 50 000 euros. »

Ils rechignent. Se plaignent. M'accusent de refuser de les faire « croquer » dans le gâteau. Mais je ne cède pas.

Me voilà donc avec leur accord pour quatre tickets de 50 000 euros.

Thomas est euphorique à la sortie de la réunion :

« On a fait un carton plein. On a été excellents !

— Ne t'excite pas. Ce sont des potes. Si on leur avait présenté une feuille de papier toilette, ils auraient misé la même chose, pour me faire plaisir. Les prochains rendez-vous ne seront pas aussi faciles. »

Effectivement…

J'ai organisé dix réunions de présentation face à dix investisseurs d'horizons divers avec qui j'ai déjà fait affaire.

Des investisseurs qui apportent de la *smart money* – à la fois une mise de fonds et des expériences et connaissances qui pourront me servir. Trois d'entre eux déclinent à la fin des présentations. Trop *early stage* pour deux d'entre eux, puisque c'est une création d'entreprise *ex nihilo*, trop « finance » pour le troisième (je n'ai pas bien compris ce qu'il voulait dire, mais je n'insiste pas).

Les sept autres sont OK. Ils posent de nombreuses questions, décortiquent, analysent, triturent, et c'est exactement ce que j'attendais. Des critiques, des suggestions, toutes constructives.

Je n'ai de place que pour six, donc j'en élimine un. À regret. J'aurais peut-être dû lever 50 000 euros de plus pour pouvoir prendre tout le monde, mais je m'en tiens à mon montant initial.

Les 500 000 euros levés auprès de ma team et de mes contacts représenteront 20 % du capital.

J'ai donc levé sur une valorisation totale de 2,5 millions d'euros.

Pas mal pour vingt slides de présentation.

Il ne me reste plus qu'à appeler une personne chargée des créations d'entreprise à la BPI pour me renseigner sur les aides et les prêts à l'innovation et aux start-up.

Heureusement que Thomas est là pour les réunions avec ces interlocuteurs.

Tous les chargés d'affaires de la BPI ont l'air d'avoir 15 ans et me donnent l'impression que j'en ai 100.

Ils sont à deux doigts de demander à Thomas pourquoi il est venu avec son grand-père.

Une question que beaucoup d'enfants de mes potes remariés sur le très tard avec des femmes bien plus jeunes ont l'habitude d'entendre à l'école…

Nous avons réussi l'exploit de lever tout cet argent sans donner le nom de la boîte.

Pour une raison simple : nous ne l'avons pas encore.

J'ai raconté aux investisseurs qu'on préférait ne pas le communiquer pour l'instant, de peur de se faire piquer l'idée… Mon nez s'est allongé…

Le juridique, c'est bon.

Les comptes bancaires sont ouverts.

Nous aurons bientôt 1 million d'euros en caisse.

Thomas pense que nous devrions lever plus.

Je suis persuadé que nous avons déjà trop levé et que nous n'utiliserons pas tout.

On peut maintenant se lancer dans le bain.

Le grand bain.

C'est grisant.

Je suis excité (j'allais ajouter « comme un puceau avant de faire l'amour pour la première fois », mais je crois que ça ne passe plus trop ce genre de formule aujourd'hui).

ÉLUCUBRATION EN 60 +

Décidément, tu es impossible !

Je crois que c'est à ce moment précis que j'ai vraiment compris pourquoi je panique à l'idée de vieillir.

Je suis assis à une terrasse de café place du Trocadéro et, pour une fois, je ne pense pas à mon obsession. Je n'observe même pas les passants 60 + pour tenter de deviner leur âge.

Tandis que je soulève ma tasse de café, j'entends le bruit d'un verre qui tombe.

Je regarde la table à côté et je vois un verre renversé, un liquide qui ressemble à du Perrier menthe dégouliner sur le trottoir, et j'entends cette phrase qui va me hanter pendant quelques jours : « Décidément, tu es impossible ! » Une mère excédée qui houspille son enfant...

Sauf que ce n'est pas un enfant. Loin de là. Je suis face à un couple très « tradi » XVIe arrondissement.

La femme doit avoir 75 ans environ. Impeccablement coiffée, petit chemiser blanc au col relevé (bien sûr), petit foulard Hermès (bien sûr). Vive. Très vive. Trop, peut-être.

À côté d'elle, un homme de 80 ans environ. Tiré à quatre épingles (ça se dit encore, ça ?), costume, cravate, rasé de près. Je croise son regard. Un regard vide, hagard. Il est perdu, il subit sans aucune réaction les réprimandes de sa femme qui n'arrête plus de l'engueuler. Mes yeux se posent sur sa main droite, celle qui devait tenir le verre. Elle tremble. Beaucoup. Parkinson, c'est sûr.

Sa femme essuie son pantalon, sur lequel le liquide s'est répandu, et continue à lui parler comme à un petit garçon. J'ai envie de lui hurler d'arrêter, de mettre fin à cette humiliation publique, mais je ne dis rien et détourne le regard, lâchement.

Puis, soudain, la lumière se fait. Je regarde à nouveau ce pauvre homme. Oui ! C'est lui ! Terriblement vieilli, terriblement diminué, mais c'est lui.

Je tairai son nom par respect pour lui.

C'est un monstre de l'industrie automobile française.

Une légende. Une référence pour les *business cases* dans les écoles de commerce.

Il a restructuré avec succès plusieurs groupes internationaux, dirigé des dizaines de milliers de personnes, fait trembler gouvernements et syndicats, et le voilà tout chevrotant de maladie et de peur parce qu'il a renversé son Perrier menthe.

Je l'imagine passant toutes ses journées prostré sur un canapé, chez lui, coincé entre son épouse et la femme de ménage qui lui demande de soulever ses pieds pour passer l'aspirateur, lui qui a sillonné le monde, sautant d'un avion à un autre, d'une usine à une autre...

J'ai probablement mauvais esprit, mais j'en viens à me demander si cette femme ne prend pas sa revanche aujourd'hui, après avoir vécu des dizaines d'années dans l'ombre de ce géant. Mon angoisse m'égare, sans aucun doute.

Le vieux lion va mourir sans même se rendre compte qu'il est en train de mourir.

Voilà pourquoi j'ai peur de vieillir.

38

LE NOM

Éric m'a envoyé un message sur WhatsApp :

J'ai trouvé le nom. T dispo pour un café ?

Tu ne px pas me donner le nom avant ?

Non. Il est énoooorme. Café

Je saute sur ma Harley, une vraie moto de 60 +, et je me précipite dans le café qui se trouve au bas du bureau d'Éric.

Il est surexcité.

« J'ai beaucoup réfléchi. Mais je suis parti dans la mauvaise direction. Je cherchais un nom pour ton service de crédit immobilier aux 60 +.

— Ben, c'est exactement ce que je t'ai demandé…

— Je sais. Mais en y réfléchissant, c'était une erreur. Ton service de crédit, ce n'est pas le sujet.

— Si…

— Non. Tu fais plus que lancer un service. C'est toi-même qui me l'as dit. Tu lances une communauté de 60 +. Avec ta newsletter. Et tu feras aussi sûrement des vidéos, des podcasts. Ton service de crédit n'est qu'un service. Mais tu vas en lancer d'autres. Quand tu auras fidélisé ta communauté, que tu auras créé un lien de confiance, elle te demandera davantage que ce que tu veux lui offrir aujourd'hui. Tu verras. Et tu lui offriras des produits ou des services dont tu n'as pas encore idée. J'avais des noms pour le service : Chezvous, qu'on aurait pu écrire Chaivou, car Chezvous est déjà pris.

— J'aime bien. C'est cosy. C'est l'idée. On reste à la maison et on gagne de l'argent.

— Oui. Mais non. Il faut voir plus grand. Et j'ai eu un flash. Ta communauté, ce sera des personnes de plus de 60 ans.

— Je te l'ai dit plusieurs fois. Je ne vois pas où tu veux en venir.

— Ta communauté, c'est une communauté de 60 + qui veut se sentir chez elle, en confiance avec des 60 + qui partagent les mêmes préoccupations et ont des besoins proches. C'est donc une communauté qui est "interdite aux moins de 60 ans”. Si tu prends les initiales d’“interdit aux moins de 60 ans”, ça donne quoi ?

— IAM60.

— Exactement, IAM60 ! C’est énorme. Et comme tous les gens de ta communauté auront plus de 60 ans, on fait IAM60 +, qu’on va écrire IAM60PLUS, car le “+” ne peut pas être utilisée comme url d’un site.

— IAM60PLUS, pas mal.

— Oui. Et le plus, c’est “plus de 60 ans”, mais c’est également l’image positive du PLUS. Et pas moins. Quand on a plus de 60 ans, c’est un PLUS.

— Pas vraiment.

— Oui, mais nous, on va faire en sorte que ce soit un PLUS.

— IAM60PLUS, j’achète.

— Et après, tu déclines : IAM60PLUS CRÉDIT pour ton crédit, et ainsi de suite pour les autres services ou produits que tu vas créer. Tu deviens le “Monsieur Plus des plus de 60 ans”. Le nom de domaine en .com est libre, et la marque est dispo à l’INPI.

— Merci. Laisse-moi le temps de m’y habituer. »

IAM60PLUS, c’est vrai que ça sonne bien.

Un bon nom pour la newsletter.

Une bonne adresse de site.

Et un sentiment d’appartenance à un groupe.

Il est sacrément bon, cet Éric.

39

LES CHANTIERS

Construire une entreprise, c'est comme construire une maison. C'est un chantier. Ou plutôt des chantiers. J'ai toujours fonctionné en termes de « chantiers », avec des tâches bien définies et bien réparties entre les associés, ou alors en déléguant à des corps de métier que je ne maîtrisais pas.

Dans notre projet, Thomas et moi avons identifié trois chantiers.

Chantier 1 : le financement

Nous allons proposer des prêts à des 60 +. Mais l'argent que nous allons prêter, nous ne l'avons pas. Nous avons prévu de prêter 100 millions d'euros la première année, 200 millions la deuxième et 400 millions la troisième.

Je n'ai pas cet argent sur mon compte (je le déplore).

Il nous faut donc une banque pour nous financer. Grâce à mes activités « historiques », je connais de nombreuses banques. Aussi suis-je persuadé que ça va être simple. Je fais d'ailleurs l'erreur de m'en vanter auprès de Thomas : « Avec mon réseau, on va achever ce chantier en claquant des doigts, *a piece of cake*. »

Pas du tout, en fait.

En guise de gâteau, ce sont des tartes à la crème que je me prends à chaque rendez-vous avec des banquiers spécialisés, alors que je les connais.

J'ai même fait gagner beaucoup d'argent à certains d'entre eux.

Il n'empêche, j'essuie à tours de bras des « c'est compliqué » ; « c'est une forme de crédit qui n'est pas habituelle » ; « c'est difficile de faire des prêts avec des hypothèques sur des biens existants et pas sur une nouvelle acquisition » ; « avec la remontée des taux, ce n'est pas simple » ; « on ne veut pas de soucis avec les héritiers au décès du propriétaire ».

Je suis un peu sous le choc. Soyons francs, je suis aussi vexé vis-à-vis de mon jeune associé.

Toutefois, au-delà des arguments qui me sont opposés, j'entends une autre musique… Je me rends compte que l'idée qu'un gars de mon âge relance une activité en partant de rien leur inspire de la méfiance.

Je traduis leur réticence par : « Est-ce vraiment une bonne idée de lancer une boîte à plus de 60 ans ? » Croyez-moi, ce n'est pas un délire paranoïaque, mais une évidence.

Dans une banque « à la française », à plus de 60 ans, on est dans un placard ou on part à la retraite…

Une start-up, passe encore, mais une « senior start-up », ça coince.

Le seul banquier qui se montre partant me propose un deal où chacun des dossiers de financement, quelle que soit la taille, même s'il s'agit de 200 ou 300 000 euros, doit passer par le comité de crédit de la banque. Vous imaginez le cauchemar (ou peut-être pas si vous ne connaissez pas le monde bancaire…).

Je ne me laisse pas abattre pour autant. Si les banques françaises ne veulent pas appuyer la création d'entreprise d'un « vieux », même si elles le connaissent, j'irai voir ailleurs, c'est-à-dire (malheureusement ?) les fonds américains.

J'en ai identifié plusieurs à Paris. Je contacte rapidement des personnes que j'ai rencontrées à leurs débuts et qui, désormais, gèrent des dizaines de milliards dans de grands fonds américains tels que Goldman Sachs, Blackstone, Carlyle, Morgan Stanley, et j'en passe.

Deux salles, deux ambiances…

D'abord, l'âge est le cadet de leurs soucis. Que j'aie 22, 45 ou 85 ans n'est pas le sujet. Tout ce qui importe à leurs yeux, c'est le projet, et surtout les profits qu'ils pourraient tirer d'un partenariat avec moi.

Ce projet, ils y croient tous ! Ils me disent même qu'ils souhaitent depuis un moment investir sur l'immobilier, mais indirectement, avec un risque limité. Ce que je leur propose correspond tout à fait à ce qu'ils recherchent.

Sans surprise, devrais-je dire (mais ça me surprend quand même), ils sont TOUS d'accord pour un financement, global de surcroît, pas au cas par cas.

Je sélectionne ceux qui peuvent me prêter aux taux les plus favorables et en retiens trois pour que nous ne soyons pas trop dépendants d'un partenaire.

Je garde dans un coin de ma tête que les Anglo-Saxons vous appuient toujours très rapidement, mais repartent tout aussi rapidement. J'ai donc trois accords, pour un financement total de 100 millions d'euros.

Si je prends un crédit moyen de 400 000 euros, par ménage de 60 +, cela veut dire que je peux déjà financer deux cent cinquante dossiers (note pour ceux qui ne comprennent rien à la finance : sautez quelques lignes).

Avec des frais de montage de dossier de 2 000 euros, dans la fourchette basse, et une commission de 3 %, cela fait un chiffre d'affaires de 3,5 millions d'euros.

Je sentais le malaise de Thomas après les refus des banques françaises (il se demandait forcément s'il ne s'était pas associé à un mec *has been*…). Après nos accords avec les fonds anglo-saxons, je deviens un héros. Il est bluffé.

100 millions de financement.

En blanc.

Sur notre seul projet…

J'ai presque envie de retourner voir les banquiers français qui m'ont jeté mon âge à la figure pour leur montrer le « chèque », un peu comme quand Vivian, dans

Pretty Woman, retourne dans la boutique de Rodeo Drive qui l'a snobée pour dire : « *Big mistake...* »

Premier chantier : check !

Chantier 2 : les clients

Nous avons le financement, très bien. Maintenant, il nous faut les clients : deux cent cinquante 60 + propriétaires de leur résidence principale et qui souhaiteraient prendre un crédit avec une hypothèque de 60 % au maximum de la valeur marchande de leur bien.

Je suis certain qu'il y a un énorme marché. Mais comment nous faire connaître des seniors sans dépenser des fortunes en publicités ou en achat de mots-clés sur Google ?

Aucune hésitation, Thomas et moi avions eu la même idée : on crée une newsletter.

On achète des bases d'e-mails de 60 + auprès d'agences spécialisées et on distribue cette newsletter gratuitement. Un jour sur trois, pour ne pas que ça fasse trop pression commerciale, on y insère une annonce pour notre offre de crédit.

Simple.

Le thème de la newsletter est évident : l'immobilier et rien que l'immobilier. On ajoute quelques petits simulateurs pour connaître la valeur de son bien (histoire de satisfaire la passion des Français pour ce type d'évaluation). Enfin, on saupoudre le tout d'infos sur l'économie, toujours avec un angle immobilier. En fait, tout ou presque est immobilier : la croissance, l'inflation, les taux d'intérêt, les catastrophes naturelles, la démographie, l'emploi (quand le bâtiment va, tout va). Ce dont les lecteurs de tout âge raffolent, ce sont les « tuyaux » : les villes ou les quartiers qui ont le vent en poupe, les travaux pour améliorer son bien, les meilleures assurances habitation, etc.

En résumé : des infos, des simulateurs, des classements. Et une fréquence hebdomadaire pour commencer, avant de rapidement passer à un rythme quotidien, comme le rendez-vous incontournable du JT de 20 heures !

Je vous la fais courte : je débauche le pro de l'immobilier d'une news économique, on engage un alternant issu d'une école de journalisme, on achète des logiciels de simulation, on s'abonne à des classements produits par des boîtes spécialisées, on crée un fichier de pros à interviewer pour avoir « Le bon tuyau de X ou Y ». Je fais tout cela les yeux fermés, je suis dans mon élément. En quelques semaines, notre newsletter est envoyée à une base qualifiée de 60 + de près de cent mille personnes. La « location » de cette base nous coûte cher, mais nous n'avons engagé pour tout cela qu'une infime partie du million que nous avons en caisse.

Chantier 3 : l'IT (*Information Technology*)

La clé de la réussite d'une société de B to C (une société qui vend à des particuliers), c'est la tech : la digitalisation des processus.

On ne va pas engager cinquante vendeurs pour répondre à toutes les questions. Aussi, les demandes de financement doivent être souscrites en ligne. Intégralement. Les dossiers des clients doivent être totalement digitalisés. Le traitement doit être digitalisé. Le service après-vente doit être digitalisé. Le tout chapeauté par une équipe « physique » de conseillers, mais en soutien seulement. Inutile d'avoir une armée.

Et là encore, c'est très simple. Tout existe sur « étagère ».

Je confie la responsabilité du montage de notre parcours digital à David, un geek qui a sa boîte de conseil et m'accompagne dans toutes mes activités depuis vingt ans. C'est un crack, il est très appliqué et impliqué. Thomas, qui sort de Centrale, va superviser tout cela.

David me demande quatre semaines pour tout boucler, ce qui est un délai très rapide.

Le financement, c'est bon.

La newsletter, c'est bon. La première partira dans six semaines, le temps qu'on soit rodés.

La digitalisation, c'est bon. Elle sera prête quand nous lancerons la newsletter.

L'équipe du *help desk*, ce sera bon. On va embaucher trois personnes qui ont travaillé dans des *call centers* spécialisés dans les crédits immobiliers. Elles seront supervisées par un conseiller en gestion de patrimoine ayant une connaissance approfondie de l'investissement immobilier.

Thomas et moi avons monté cela à la vitesse de l'éclair. C'est aussi la beauté de l'époque actuelle : beaucoup de « modules » nécessaires à la construction d'une entreprise existent en magasin. Il « suffit » de les assembler.

Il faut un bon architecte et un bon maître d'œuvre. Et nous jouons parfaitement ces deux rôles.

Assembler, déléguer, orchestrer : les clés de la réussite d'une entreprise.

Mais je m'emballe.

La boîte n'est pas encore lancée et je parle déjà de réussite.

Du calme, Sam, du calme.

J'espère que je ne vous ai pas fatigués avec tous les détails de la création de cette nouvelle entreprise, mais j'avais envie de partager ce moment avec vous, car il est important pour moi.

Une étape de ma re-naissance.

ÉLUCUBRATION EN 60 +

Le jour d'après

Je suis à mon bureau.

Je souffle un peu.

J'ai installé tous les nouveaux arrivants d'IAM60PLUS (j'ai adopté le nom) dans ma salle de réunion, qui s'est transformée en *war room*. Une véritable ruche.

En attendant de trouver des bureaux pour la société, c'est toujours ça d'économisé…

Je regarde autour de moi.

Mon armoire.

Mes tiroirs.

Mes placards.

Il y a des dossiers, des papiers perso ou pro, des objets accumulés au fil des années.

Quelques livres de finance.

Et là, vlan ! j'ai une pensée qui me traverse l'esprit.

Et pas une pensée gaie.

Pas une pensée vraiment triste non plus.

Plutôt une interrogation.

Et s'il m'arrive quelque chose ?

Et que ma femme et/ou mes enfants doivent venir « débarrasser » mon bureau ?

Qu'est-ce qu'ils vont penser en voyant tout ça ?

Ils vont tout regarder. Tout examiner.

Avec tristesse. Tendresse. Ou étonnement.

Mais est-ce que j'ai forcément envie qu'ils voient cette partie de mon intimité ?

Il n'y a rien de répréhensible ni de particulièrement choquant, rassurez-vous. Pas de sex toys, de photos déplacées ou autres, mais des petits objets qui sont à moi, et qui sont un peu moi.

Que penseront-ils des quelques grigris que j'ai dans mon tiroir ? (Ils savent que je suis très superstitieux, donc ils ne seront pas totalement surpris.) Que ressentiront mes enfants en constatant que j'ai gardé à portée de main des photos d'eux petits ? Que dira mon aînée quand elle verra que j'ai conservé un carnet de photos et de mots qu'elle m'avait offert à 10 ans pour la Fête des pères ? Comment réagira ma femme quand elle découvrira que j'ai encore toutes les cartes d'anniversaire qu'elle a pris l'habitude de déposer sur ma table de nuit chaque année pour que je les découvre en me réveillant ?

Je commence à faire l'inventaire de tous mes objets : un petit Yoda et un masque Dark Vador, un nunchaku de ma période Bruce Lee (ma cadette, le « garçon » de la famille, les gardera sûrement en souvenir), une photo du mariage de mes parents, un dossier avec les articles de presse parus au début de ma carrière, quand j'étais le « golden boy de la place de Paris »...

Je ne sais pas pourquoi, mais j'ai pensé à ça aujourd'hui.

Je referme les tiroirs.

40

LE LANCEMENT

La newsletter est partie ce matin.

Toujours assez émouvant, le lancement officiel d'une activité.

Comme la bouteille de champagne qu'on fait éclater sur la coque du bateau qui prend la mer pour la première fois.

Newsletter envoyée à plus de cent mille 60 +.

Nous suivons tous devant un grand écran l'évolution du « taux d'ouverture » des mails, c'est-à-dire le nombre de personnes qui lisent réellement la newsletter. Et le nombre de personnes qui cliquent sur les demandes d'information de notre nouveau crédit.

Ça grimpe.

Vite.

Très vite !

En fin de journée, notre taux d'ouverture dépasse les 40 %. C'est spectaculaire.

Nous avons plus de deux mille cinq cents demandes de documentation – deux mille cinq cents personnes intéressées par notre proposition de crédit !

Avec un taux de transformation de 10 % – ce qui serait raisonnable compte tenu de la démarche volontaire de demande d'information –, on aura rassemblé en une seule journée les deux cent cinquante dossiers de financement pour utiliser notre poche de 100 millions de crédit !

C'est dingue.

On sort le champagne !

On se félicite.

Thomas n'en revient pas.

Ma team est venue nous rejoindre en fin de journée pour célébrer l'événement.

Mon pari a réussi.

Il faudra des semaines pour étudier toutes les demandes de prêt, mais nous allons y arriver. Je vais engager deux autres personnes immédiatement pour « traiter » les dossiers de crédit.

Avec le chiffre d'affaires potentiel que nous avons déjà presque sécurisé, on peut se le permettre.

Une première étape a été franchie. Une première étape, car ce n'est que le début d'une aventure.

Comme l'a dit Éric : si on arrive à créer une vraie communauté de 60 +, on pourra aller beaucoup plus loin que la simple offre de crédit sur l'immobilier.

Je dois vous avouer que j'ai presque une petite larme qui coule sur la joue tant je suis heureux.

Tiens… J'ai utilisé le mot « heureux ». Pas mon genre.

La preuve peut-être que j'avais en moi ce besoin de me prouver qu'à 60 ans, ma vie était loin d'être terminée.

L'Ehpad peut attendre…

41

LA SEMAINE D'APRÈS

Une semaine que IAM60PLUS est lancé.

Et nous sommes submergés de demandes de crédit.

Mais également, et c'est la vraie preuve du succès de notre initiative, de demandes de partenariat.

Quelle époque incroyable où une initiative devient visible en quelques jours grâce aux réseaux sociaux !

C'est comme si notre communauté de 60 + existait depuis toujours. De nombreuses entreprises veulent nous vendre leurs produits ou leurs services.

Nous sommes contactés par des boîtes qui veulent mettre de la pub, croisiéristes en tête, assureurs et banques proposant des produits de placement pour cette clientèle potentielle.

Sans compter les nombreuses start-up en survie qui ont les services mais n'ont pas réussi à trouver le chemin du client final.

IAM60PLUS va s'étendre.

C'est maintenant une certitude.

Il va falloir qu'on se concentre sur notre communauté dans les semaines qui viennent.

C'est notre richesse, notre fonds de commerce.

Il va falloir l'animer, l'alimenter, la chouchouter.

Et ça ne me fait pas peur, car je suis totalement en phase avec elle, moi, le 60 +.

Nous partageons les mêmes réflexions, les mêmes préoccupations, les mêmes besoins.

Je ne pensais pas, quand j'ai franchi le cap des 60 ans, que je pourrais être aussi content d'avoir plus de 60 ans…

42

ET MAINTENANT, QUE VAIS-JE FAIRE ?
(QUI SE RAPPELLE ENCORE GILBERT BÉCAUD... ?)

Et maintenant ?

Je sens que la boîte va tourner.

Il va y avoir des hauts.

Et des bas. Beaucoup de bas.

C'est le lot de l'entrepreneur.

Mais plus les semaines passent et plus je sens que l'équipe d'IAM60PLUS monte en puissance.

Chacun a trouvé sa place.

Les candidatures affluent, mais je veux rester light pour ne pas avoir à gérer des coûts fixes trop élevés en cas de période difficile. Et il y aura des périodes difficiles.

Nous avons à peine touché au million d'euros du démarrage et les premières commissions sur les montages de prêts commencent à tomber…

Évidemment, les banques appellent.

Pour me proposer leurs services.
Les mêmes qui avaient refusé de me financer.
Same old story, pas de surprise.

« Alors, heureux ? me demande Sarah.

— Oui, très heureux. Cette aventure m'a rajeuni. Mon équipe me stimule.

— Tu as respecté la parité ?

— Hommes-femmes ?

— Non. 60 + et 60 –.

— Oui. J'ai beaucoup de jeunes, évidemment, mais je veux garder l'esprit de l'aventure. Je fais rentrer de plus en plus de 60 +, hommes et femmes. C'est fascinant, l'énergie qu'ils ont. Et à quel point le mélange des générations fonctionne. Quel gâchis que les grandes boîtes ne gardent pas et ne recrutent pas les 60 + ! C'est un gisement d'expérience illimité. J'ai bien l'intention d'exploiter ce filon.

— Donc une boîte pour les 60 + avec des 60 + !

— Pas seulement. Une boîte sans barrière d'âge.

— Tu es allé au bout de ton idée, Bravo ! »

ÉPILOGUE

QUEL CON !

Je me suis réveillé ce matin.

Et ma vie n'a pas basculé.

Aucune différence avec la journée d'avant.

Ni avec celles d'avant.

Pourtant, c'est mon anniversaire.

J'ai 70 ans.

Les premiers mots qui me viennent à l'esprit ce matin sont : « Quel con ! »

Quel con de m'être posé autant de questions quand j'ai eu 60 ans !

Non, je ne regrette pas de m'être lancé dans une aventure entrepreneuriale à 60 ans.

Elle m'a occupé, stimulé et égayé.

IAM60PLUS a été un carton. Ça l'est encore, d'ailleurs.

J'ai fait entrer un fonds d'investissement dans le capital. Cela m'a permis de toucher un chèque tout en restant actionnaire et de faire monter au capital l'équipe de management, multigénérationnelle, qui s'est étoffée au fil des années.

Je continue à diriger.

Et personne, quel paradoxe, ne se pose plus de questions sur mon âge.

Il faut dire que mes « jeunes » de l'époque ont pris de l'âge, eux aussi.

Et que certains managers de 50 ans sont maintenant des 60 +.

Quel con, quand même.

Je me suis fait un film.

Je me suis torturé.

J'ai beaucoup réfléchi en devenant 60 +.

Trop, peut-être.

Mais j'avais raison sur un point : le temps a passé à la vitesse de l'éclair.

Je n'ai pas pu le retenir.

Je me suis battu pour le retenir : j'ai bossé, entretenu mon corps, suivi des régimes, mais cela n'a rien changé. J'ai bien 70 ans.

Et le plus étonnant, c'est que cela ne me fait ni chaud ni froid.

Je me lève.

Je me regarde dans la glace.

Et le constat est sans appel : je « fais » mon âge.

Je m'approche du point où l'on va commencer à se dire en me voyant : « Il a pris un coup de vieux. »

Cette sanction que je redoutais tant ne me touche plus.

Je m'en fous.

La vie continue.

Et j'ai bien l'intention de continuer à en profiter.

Comme si j'avais 70 ans…

Les paroles de Charles Aznavour me reviennent en mémoire :

« Je gaspillais le temps
En croyant l'arrêter
Et pour le retenir
Même le devancer
Je n'ai fait que courir
Et me suis essoufflé
Ignorant le passé
Conjuguant le futur… »

Hier encore… j'avais 60 ans.

REMERCIEMENTS

Merci à ma femme, Laurence, pour son soutien inconditionnel et inspirant.

Merci à mes enfants, Samuel et Laura, pour leur affection.

Merci à mes parents, Émile et Nelly, qui restent présents à jamais dans ma vie et dans mon cœur.

Merci à mon éditrice, Céline Poiteaux, pour la qualité de son travail.

Composition et mise en pages
Nord Compo à Villeneuve-d'Ascq

Achevé d'imprimer en octobre 2024
par Normandie Roto Impression s.a.s.
61250 Lonrai (Orne)
N° d'édition : 67717/01 – N° d'impression : 2404653

Imprimé en France